AI와 수산업

인공지능총서

인공지능 시대입니다. 기계가 인간의 인지를 대신하고, 사물이 인간을 통하지 않고 다른 사물과 직접 커뮤니케이션합니다. 이에 따른 인간 삶과 문명 변화를 정확히 이해·예측·대응하는 것은 이 시대 우리 모두의 과제입니다. 인공지능총서는 인공지능 기술과 환경의 여러 주제를 10가지 키워드로 정리합니다. 관련 개념과 이론, 학계와 산업계의 쟁점, 우리 일상의 변화를 다룹니다. 인간과 기술의 현재, 미래를 세심히 분석합니다.

일러두기

- 인명, 작품명, 저서명, 개념어 등은 한글과 함께 괄호 안에 해당 국가의 원어를 병기했습니다.
- 외래어 표기는 현행 어문규정의 외래어표기법을 따랐습니다.

처음이세요?

전문가세요?

AI와 수산업

임태호

대한민국, 서울, 커뮤니케이션북스, 2025

AI와 수산업

지은이 임태호
펴낸이 박영률

초판 1쇄 펴낸날 2025년 2월 25일

커뮤니케이션북스(주)
출판 등록 2007년 8월 17일 제313-2007-000166호
02880 서울시 성북구 성북로 5-11
전화(02) 7474 001, 팩스(02) 736 5047
commbooks@commbooks.com
www.commbooks.com

ISBN 979-11-7307-793-7 03500

책값은 뒤표지에 표시되어 있습니다.

차례

수산업에도 AI 바람이 분다 vii

01 수산업이 직면한 문제 1

02 잡는 어업과 AI 융합 13

03 기르는 어업과 AI, 스마트 양식 21

04 AI 기반 어선 안전과 어선 설계 29

05 AI가 접목된 미래 자율 운항 선박 37

06 해양 환경 분석과 예측을 위한 AI 45

07 AI를 이용한 해양 생태계 연구 53

08 AI와 융합된 수산물 스마트 가공 및 유통 59

09 해양 환경 보호 및 관광 분야 AI 활용 67

10 AI를 이용한 수산 생물 유래 신소재, 신약 개발 73

수산업에도 AI 바람이 분다

바다는 인류 문명의 요람이자 미래다. 고대 문명이 강과 바다를 따라 발달했듯, 오늘날에도 전 세계 인구의 40퍼센트 이상이 해안에서 100킬로미터 이내에 거주하고 있다. 특히 우리나라는 삼면이 바다로 둘러싸인 해양 국가로서, 예로부터 수산업이 국가 경제와 국민 식생활에서 중추적 역할을 해 왔다. 해안선이 발달한 지리적 이점과 세대를 거쳐 축적된 어업 지식은 지역 경제를 지탱하는 버팀목이 되어 왔으며, 동시에 국민에게 안정적으로 수산물을 공급하는 중요한 기반을 형성해 왔다.

그러나 21세기에 들어 바다를 둘러싼 환경은 전례 없이 급격한 변화를 겪고 있다. 세계자연기금(WWF)의 해양생명보고서 2022에 따르면, 1970년 이후 해양 생물 개체수가 평균 50퍼센트 감소했으며, 일부 상업 어종은 90퍼센트 이상 급감했다. 국제해양학위원회(IOC)는 해수온도 상승, 산성화, 저산소화가 빠르게 진행되면서 해양 생태계가 임계점에 도달했다고 경고한다. 더 나아가 유엔(UN)이 추진 중인 '해양과학 10년(2021~2030)' 프로그램 역시 기후 변화와 해양 오염, 생태계 파괴의 상호 연관성을 강조하며, 지속가능한 해양 관리의 긴박함을 역설하고 있다. 이러한 변화는 '바다는 무한한 자원의 보고(寶庫)'라는 과거의 인식이 더 이상 통용되지 않음을 분명히 보여준다.

여기에 더해 코로나19 팬데믹은 글로벌 공급망의 취약성을 여실히 드러냈다. 세계 각국은 식량 안보 차원에서 국내 농·수산업의 경쟁력 확보가 얼마나 중요한지를 다시금 인식하게 되었으며, 수산물 수입 비중이 큰 국가들은 해외 의존도를 낮추고 자국 내 수산업을 육성하는 것이 필수 과제가 되었다. 실제로 2020년 세계 수산물 교역이 8.4퍼센트 감소하자, 미국과 유럽연합, 일본 등 주요 수입국들은 해양 환경 보전과 수산업 경쟁력 강화라는 '두 마리 토끼'를 잡기 위해 과감한 정책 및 투자에 나서고 있다. 이는 수산업이 단순한 지역 경제의 생계 수단을 넘어 국가 안보, 식량 자급, 환경 정책 전반에서 핵심 축을 담당하고 있음을 의미한다.

지구 표면의 70퍼센트 이상을 차지하는 바다는 인류가 오랜 시간 동안 식량과 자원을 얻어 온 생명의 근원이자 문명 발전의 기반이다. 수산업은 이 '푸른 터전'을 무대로 수천 년간 이어져 온 가장 오래된 1차 산업 중 하나다. 그러나 기후 변화, 해양 오염, 미세플라스틱 증가, 과도한 어획, 어촌 고령화, 노동력 부족 등 다양한 문제가 동시다발적으로 발생하면서, 21세기 수산업은 복합적 위기에 직면하고 있다. 특히 해양 생태계의 건강이 훼손되면 전통적 어업 방식이 존속하기 어렵게 되고, 이는 국가 차원의 식량 안보와 직결되는 중대 사안으로 부각된다.

세계은행(World Bank)의 블루 이코노미(Blue Economy) 보고서에 따르면, 글로벌 해양 경제 규모는 연간 약 2.5조 달러에 이르며 이 중 수산업이 차지하는 비중은 대략 15퍼센트로 추산된다. 특히 아시아태평양 지역은 국내총생산(GDP) 대비 수산업 비중이 커 수백만 명의 생계와 식량 안보가 직·간접적으로 수산업에 달려 있다. 그러나 해수 온도의 상승, 해류 변화, 해양 산성화, 그리고 각종 오염 물질로 인해 바다의 환경이 급속도로 악화하면서, 전통 방식에만 의존해 온 수산업으로는 경쟁력과 지속가능성을 동시에 유지하기가 점점 어려워지고 있다. 최근 기후 변화에 관한 정부 간 협의체(IPCC) 6차 평가 보고서에서도 "해양 생태계 파괴가 가속화될 경우, 수산업과 연관 산업 전체가 회복 불가능한 충격을 받을 수 있다"고 지적한 바 있어, 단순한 수산물 수급 차원을 넘어선 전방위적 대응이 필요한 시점이다.

국제해양대기청(NOAA)의 2023년 보고서는 조개류와 산호초가 산성화로 인해 심각한 위협에 처해 있다고 밝히며, 산호초가 붕괴될 경우 해당 해역의 어종이 급감하고 지역 경제에도 치명적 타격을 줄 수 있음을 경고한다. 세계은행은 이런 해양 생태계 악화에 대응하지 않는다면 2050년까지 전 세계에서 연간 약 830억 달러 규모의 수산업 손실이 발생할 것으로 내다보고 있다. 이는 해양 보전과 산업 혁신이라는 '이중 과제'가 더 이상 미룰 수 없는 시급한 이슈임을 여실히 보여 준다.

AI 보편화 시대와 수산업의 교차점

OECD 디지털 경제 전망(OECD Digital Economy Outlook 2024, Volume 1)은 향후 4~5년 내에 AI가 지금보다 훨씬 더 빠른 속도로 확산될 것으로 전망한다. 이미 사회 전반에서 빅데이터와 알고리즘 활용이 일상화되고 있으며, 제조업·금융·의료·자동차뿐 아니라 농·어업 등 전통 1차 산업에서도 AI 혁신이 가속화되고 있다.

특히 4차 산업 혁명의 핵심 기술로 언급되는 AI는 더 이상 '미래 기술'이 아니라 오늘날 우리가 살아가는 현실의 다양한 문제를 해결하는 '현재 기술'로 자리매김했다. 수산 분야에서 AI의 주요 역할은 어획 효율성을 극적으로 끌어올리거나, 양식 생산성을 높이는 '생산 최적화'로 시작하곤 하지만, 점차 해양 생태계 전체를 모니터링하고, 어종 분포와 해양 환경 변화를 예측하는 '자원 보전'의 영역으로도 확대되고 있다.

글로벌 시장에서는 정부와 민간이 협력하여 수산업 분야의 AI 접목을 적극 도모하는 추세다. 노르웨이는 '디지털 오션(Digital Ocean)' 프로젝트를 통해 연어 양식장 전 과정을 AI로 관리해 생산성 30퍼센트 상승, 질병 발생률 45퍼센트 감소라는 눈부신 성과를 달성했고, 일본은 '스마트 어업 이니셔티브(Smart Fisheries Initiative)'로 AI 기반 어군 탐지와 조업 경로 최적화를 현실화해 연료비 25퍼센트 절감, 어획 정확도 40퍼센트 향상 등 의미 있는 결과를 내고 있다. 이러한 예시는 수산업 분야가 디지털 전환(DX)의 흐름 속에서 어떻게 혁신할 수 있는지를 단적으로 보여 준다.

우리나라 수산업의 위기와 기회

이 같은 글로벌 흐름과 비교해 볼 때, 한국 수산업의 현재 상황은 더욱 신속하고 체계적인 대응을 요구한다. 통계청(2020)에 따르면, 국내 연근해 어업 생산량은 2010년 약 113만 톤에서 2020년 약 92만 톤으로 감소했다. 양적인 하락도 문제지만, 어촌 지역의 급속한 고령화와 청년 인력 유출이 더 큰 문제로 지적된다. 젊은 세대가 어업 현장에서 소외되면서, 전통 지식 전수가 어렵고 첨단 기술 도입도 한계에 부딪히기 쉽다.

한국해양수산개발원(KMI)의 2023 수산업 전망 보고서에 따르면, 최근 10년간 국내 연근해 어획량은 연평균 2.3퍼센트씩 줄고, 어가 소득은 도시 근로자 가구 소득의 65퍼센트 수준에 머무른다. 이는 지역 사회 붕괴 가능성과 함께, 국가 식량 안보 측면에서도 결코 가볍게 넘길 수 없는 문제다. 숙련 어업인의 노하우가 고령화로 인해 단절되고, 새로운 기술을 구현할 인력이 부족해지는 악순환이 어촌 전역에서 나타나고 있다.

게다가 지난 50년간 국내 연근해 표층 수온이 평균 섭씨 1.23도 상승했다는 조사(한국해양수산개발원)는 전 세계 평균(섭씨 0.85도)보다 훨씬 가파른 증가세를 시사한다. 그 결과 한류성 어종이 북쪽으로 이동하거나 자원양이 급감하고, 난류성 어종은 서식 범위를 남해안 · 서해안 등으로 확장하는 등 어장 구성 자체가 바뀌고 있다. 이는 어획량 예측은 물론, 중장기적 자원 관리 전략 수립에도 큰 변수를 제공한다.

양식업 부문도 안심할 수는 없다. 고수온, 저산소수역, 병해충 발생률 증가 등 기후 변화로 인한 리스크가 높아지면서 생산 안정성을 위협받고 있다. 2018년 전남 완도에서 발생한 고수온 피해는 양식 어민들을 공황 상태로 몰아넣을 만큼 큰 타격을 주었으며, 이러한 현상이 해마다 반복될 가능성이 커지면서 어민들의 불안감이 더욱 고조되고 있다.

AI가 바꾸는 수산업의 현장

이런 복합 위기 상황에서 AI는 '게임 체인저'로 기대를 모으고 있다. 빅데이터, 사물인터넷(IoT), 센서 기술 등과 결합된 AI는 수온, 염분, 해류, 플랑크톤 분포 같은 거대한 해양 데이터를 실시간으로 수집·분석해, 예측과 의사 결정의 정확도를 획기적으로 높인다.

가령 위성 데이터와 드론 촬영 자료, 과거 어획 기록을 AI로 종합 분석함으로써 어장 형성 시점과 위치를 예측하는 지능형 시스템을 구축할 수 있다. 제주 근해에서 시범 운영된 'AI 어장 예측 시스템'은 기존 대비 30퍼센트 이상 높은 정확도를 보여, 연료비·인건비 절감은 물론, 자원 보호 효과까지 거두었다. 이는 어민들의 조업 방식을 효율화하는 동시에, 무분별한 어획을 방지해 해양 생태계에도 긍정적 기여를 한다는 점에서 주목할 만하다.

또한 노르웨이의 스마트 연어 양식장 사례는 우리나라 양식업계에도 유효한 시사점을 제공한다. AI를 통해 24시간 수온, 산소 농도, 탁도 등을 감시하고, 영상 분석으로 물고기의 건강 상태와 성장률을 추적 · 관리함으로써 생산성은 높이고 항생제 사용량은 줄이는 데 성공했다. 국내에서도 완도 · 부산 · 경남 지역의 스마트 양식 단지에서 사료 급이(給餌) 자동화, 질병 조기 감지, 자동 수질 측정 등을 시도하며, 점진적이지만 의미 있는 변화를 만들어 가고 있다.

특히 이러한 AI 활용은 산업 이미지를 획기적으로 개선함과 동시에, 청년층에게도 새로운 기회를 열어 준다. 기피 산업으로 여겨지던 어업 현장이, 이제는 드론 · 자율 운항 선박 · 스마트 양식장 등 첨단 장비를 다루는 미래지향적 사업장으로 변화하고 있기 때문이다. IT · 데이터 분석 역량을 갖춘 인력이 새롭게 어업 현장에 합류하여, AI 시스템 설계 · 운용을 전담하는 사례도 늘고 있다. 이는 디지털 경제 시대에 수산업이 '낙후된 전통 산업'이 아닌 '최첨단 미래 산업'으로 자리 잡을 수 있음을 보여 주는 긍정적 신호다.

AI 시대의 수산업: 지속가능성과 혁신의 조화

AI 기술이 수산업 전반에 가져오는 가장 중요한 변화는 '패러다임 전환'이다. 과거에는 어획량 극대화에만 초점을 맞췄다면, 이제는 해양 생태계를 정교하게 관리하면서도 안정적인 생산성을 확보하는 방향으로 나아가고 있다. 이때 전통적 어업 지식과 최신 기술은 상호 충돌하는 것이 아니라, 상호 보완적인 방식으로 결합되어 새로운 가치를 창출한다.

다만 이러한 변화가 제대로 정착하기 위해서는 기술 도입만으로는 부족하다. 법·제도적 뒷받침과 사회적 공감대가 함께 이루어져야 한다. 예컨대 AI가 수집·활용하는 해양 데이터의 표준화, 해상 안전 기준 마련, 데이터·지식재산권 보호, 개인 정보 보호 등은 정부 차원의 체계적인 정책과 법적 제도가 시급히 마련되어야 할 과제다. 또한 고령 어민을 위한 교육 프로그램, 청년 인재 유치 및 AI·IT 융합기술 교육 확대, 어업 현장과 기술 기업 간의 협력 모델 구축 등이 실행력을 높이는 핵심 요소로 떠오른다.

무엇보다 수산업은 국가 식량 안보와 맞물려 있기에, 사회 전반에서 'AI를 통한 해양자원 보전과 산업 혁신'이라는 이슈에 대한 긍정적 인식이 뒷받침되어야 한다. AI

기반 수산업은 단지 미래 산업의 한 갈래를 의미하지 않으며, 해양 생태계의 지속가능성과 지역 사회 활력을 함께 담보할 수 있는 거대한 전환점임을 홍보 · 교육을 통해 널리 알릴 필요가 있다.

본서의 구성과 목적

본서는 이러한 전반적인 흐름을 종합적으로 조망하며, AI가 수산업에 가져올 변혁의 가능성과 구체적인 적용 방안을 체계적으로 살펴보는 데 목적이 있다. 전체 10장으로 구성된 본서는 다음과 같은 구조를 따른다.

1장에서는 수산업의 현재와 미래 과제를 총괄적으로 개괄한다. 기후 변화, 자원 고갈, 노동력 부족, 해양 환경 문제 등 구조적 난제를 짚어 보고, AI가 그 해법으로서 어떻게 기여할 수 있는지 전 세계적 관점을 바탕으로 소개한다.

2장과 3장에서는 '잡는 어업'(연근해 · 원양 어업)과 '기르는 어업'(양식업)에서 AI가 구체적으로 어떻게 적용되고 있는지를 국내외 사례를 중심으로 자세히 살펴본다. 어군 탐지, 조업 최적화, 스마트 양식 등 이미 상용화된 기술뿐 아니라, 연구 단계의 미래 기술도 다룬다. 성공 사례와 실패 사례를 함께 비교 분석해 실제 현장에

주는 교훈을 풍부하게 전달한다.

4장과 5장에서는 해상 안전과 선박 운항 분야를 집중 조명한다. AI 기반 기상 예측, 충돌 방지 시스템, 자율 운항 선박 기술 등이 어업인의 안전성과 효율성을 어떻게 높이는지, 그리고 이 기술들이 해운 · 물류 · 관광 분야에도 어떤 파급 효과를 미칠 수 있는지 다양한 측면에서 살펴본다.

6장과 7장에서는 해양 환경 및 생태계 연구에서 AI가 담당하는 역할을 다룬다. 산성화 · 적조 · 저산소수역 등 복합적 해양 환경 문제를 모니터링하고 예측하는 AI 모델, 미세플라스틱 및 오염원 추적 기술, 해양 생태계 변화 시뮬레이션 등 구체적인 사례를 통해 '해양 보전'과 '산업 발전'을 동시에 추구할 수 있는 실마리를 제시한다.

8장과 9장에서는 수산물 유통 · 가공 · 소비 단계를 AI로 혁신하는 방안을 살펴본다. 콜드체인 최적화, 품질관리 자동화, 블록체인 기반 이력 추적, 맞춤형 소비자 서비스 등 현장에서 즉시 적용 가능한 기술을 폭넓게 다루며, 안전하고 투명한 수산물 공급망 구축의 방법론을 탐색한다.

마지막 10장에서는 미래 전망과 정책적 제언을 종합

적으로 제시한다. 수산업의 중장기 발전 전략, 해양 신산업 창출, 일자리 변화, 정부 정책 과제, 국제 협력 방안 등을 정리하면서, 향후 5~10년 안에 우리가 준비해야 할 실제 과제와 그 해법을 구체적으로 살펴본다.

이러한 장 구성은 크게 세 가지 기준에 따라 기획되었다. 첫째, 수산업계가 직면한 '시급성'과 '중요성'을 바탕으로, 각 부문별로 가장 긴급하고도 영향력이 큰 이슈를 우선적으로 다뤘다. 둘째, AI 기술의 '실현 가능성', 즉 이미 상용화되었거나 근시일 내에 적용이 충분히 가능한 영역을 중점적으로 선정했다. 셋째, 산업적 · 사회적 '파급 효과'가 큰 분야에 주목하여, 어떻게 새로운 부가가치를 창출할 수 있을지를 체계적으로 탐색했다.

각 장은 이론적 배경, 기술 소개, 실제 사례, 향후 전망이라는 일정한 틀을 유지함과 동시에, 국내외 어업 현장 · 수산 기업 · 연구 기관 관계자들과의 인터뷰를 통해 얻은 생생한 체험담과 현장의 목소리를 최대한 담으려 노력했다. 이를 통해 독자들은 AI 기술이 실제 수산업 현장에서 어떤 식으로 도입 · 활용되고 있으며, 또 어떤 기회와 도전 과제를 품고 있는지를 구체적으로 체감할 수 있을 것이다.

미래를 위한 나침반

본서는 단순히 AI 기술 트렌드를 나열하는 데 그치지 않는다. 각 장의 말미에는 해당 분야가 앞으로 5~10년 안에 어떤 방향으로 발전할 것이며, 지금부터 어떤 준비와 노력이 필요한지를 제시하였다. 이를 통해 독자들이 단기적인 성과뿐 아니라 중장기적 관점에서 수산업 혁신 전략을 세우는 데 도움을 얻도록 했다.

또한 AI가 가져올 부작용과 한계에 대해서도 '균형 잡힌 시각'을 유지하려 했다. AI 기술은 분명 산업 발전의 중요한 동력이나, 동시에 일자리 감소, 디지털 격차, 기술 의존성 심화, 환경 데이터 왜곡 등 다양한 부정적 영향을 야기할 수 있다. 본서는 이러한 리스크를 외면하지 않고, 이에 대한 정책 · 사회적 대응 방안을 함께 고민함으로써 독자들이 '지속가능성'과 '혁신'을 동시에 추구할 수 있도록 안내한다.

결국, 이 책은 AI 시대를 맞이하는 수산업의 포괄적인 로드맵을 제시하고자 한다. 수천 년간 이어져 온 전통적 어업 방식을 일거에 폐기하기보다, 그 속에 담긴 풍부한 경험과 노하우를 현대 기술과 조화롭게 융합해 '스마트 수산업'으로 도약할 수 있는 길을 함께 모색하자는 것이다. AI는 이 과정을 견인할 핵심 동력으로서, 수산업의 지속가능성과 경쟁력을 동시에 실현하기 위한 필수 요소임이 분명하다.

앞으로의 수산업은 자연과 인간, 그리고 기술이 유기적으로 협력하며 상생하는 방향으로 나아가야 한다. 본서는 그 여정의 길잡이가 되기를 희망한다. 나아가 AI와 결합한 수산업은 생산성과 효율성의 단순 향상을 넘어, 해양 생태계 보전, 지역 사회 활성화, 국가 식량 안보 강화라는 복합 목표를 실현할 잠재력을 갖추고 있다. 이런 '지속가능한 혁신'이 안착된다면, 우리의 바다는 21세기에도 풍요로운 생명력과 미래 가치를 이어 나갈 것이며, 전 지구적인 차원에서 건강한 해양 환경과 안전한 식량 공급망을 함께 만들어 갈 수 있을 것이다.

이 책이 이러한 시대적 흐름과 산업적 전환점 앞에서, 수산업 종사자부터 정책 입안자, 연구자, 그리고 해양 환경에 관심 있는 모든 독자에게 유익한 정보와 통찰을 제공하길 바란다. AI와 결합한 새로운 수산업의 모습이 어떤 가능성을 품고 있는지, 그리고 그 과정에서 우리가 어떤 역할을 할 수 있는지를 함께 고민해 볼 기회가 될 것이다.

01
수산업이 직면한 문제

수산업은 인류에게 식량 자원과 경제적 부를 제공해 온 핵심 산업 중 하나이지만, 최근에는 기후 변화와 인구 구조 변화, 해양 오염, 불법 어업 등 복합적인 위기에 직면해 있다. 이처럼 여러 문제가 겹치면서, 단순히 "어획량이 줄었다"는 수준을 넘어 어촌 지역의 사회 · 경제적 구조와 해양 생태계 전반에 걸쳐 지속가능성이 심각하게 위협받는 상황이다. 수산업이 당면한 주요 도전 과제를 구체적인 통계와 사례를 통해 살펴보고자 한다.

AI와 1인 창업?

기후 변화로 인한 어획량 감소

기후 변화는 해양 생태계 전반에 걸쳐 광범위하면서도 심층적인 영향을 미친다. 해수 온도 상승, 해류 패턴 변화, 해양 산성화 등은 해양 생물의 번식과 서식지에 변화를 일으켜, 전통적 어업 방식을 유지하기 어렵게 만든다. 특히 온도 변화에 민감한 어종은 서식지를 북쪽으로 이동시키거나, 극단적인 경우 개체군이 크게 줄어드는 현상이 나타나기도 한다.

국제해양개발위원회(ICES)의 보고서에 따르면, 북해의 대구 개체 수는 1980년대 이후 70퍼센트 이상 감소했다. 이는 해수 온도 상승으로 인한 동물성 플랑크톤 감소, 그리고 과도한 조업이 주된 원인으로 지목된다. 과거 대구가 풍부했던 지역에서는 이제 대구 대신 다른 어종이 주로 어획되고 있어, 북해 어업 종사자들은 생계 기반을 재조정해야 하는 상황에 놓여 있다.

유엔식량농업기구(FAO)에 따르면, 전 세계 어획량은 1996년 약 8600만 톤으로 정점을 찍은 뒤 지속적인 감소 혹은 정체 상태에 머물러, 2018년에는 약 8400만 톤 수준에 머물렀다. 이는 지구온난화와 남획, 해양 오염 등 복합적 요인으로 인해 생산량 증대가 한계에 다다른 결과다.

반면 양식 부문은 계속 증가 추세를 보이지만, 자연 생태계를 보전하고 지속가능성을 확보하기 위해서는 기후 변화 문제 해결이 전제되어야 함을 다시금 상기시킨다.

어가 경제 악화

어획량 감소는 곧바로 어민들의 소득 하락으로 이어진다. 한국해양수산개발원(KMI)의 보고서에 따르면, 우리나라 어가 소득은 2015년 4389만 원에서 2020년 4180만 원으로 줄었는데, 이는 같은 기간 전체 가구 평균 소득 증가율과 비교하면 현저히 낮은 수준이다.

기후 변화로 인한 계절별 · 지역별 어종 분포 변화와 적조 · 갈조 등 예기치 못한 해양 재해가 잦아져, 생산량이 크게 들쭉날쭉해졌다. 이는 연간 소득 예측을 어렵게 하고, 어로 작업에 투자되는 비용 대비 수익 구조도 불안정하게 만든다.

많은 어촌 지역이 인프라나 대체 산업 기반이 부족한 상황이라, 어로 이외 소득원을 확보하기가 쉽지 않다. 관광이나 수산물 가공업으로 보완하려는 시도도 코로나 19 여파와 세계 경기 침체가 겹치면서 실효성이 떨어지고 있다.

어가인구 노령화 및 감소

어업 종사자의 고령화는 한국 수산업이 당면한 가장 심각하고 근본적인 구조적 문제 중 하나다. 통계청 자료(2020)에 따르면, 우리나라 어가인구 평균 연령은 62.3세로, 2010년의 57.5세 대비 약 5세 가까이 높아졌다. 이는 이미 고령화가 상당히 진행된 농촌 지역보다도 더 가파른 상승세다.

2010년 약 17만 명이었던 어가 인구는 2020년 약 11만 명으로 35퍼센트 이상 줄었다. 청년층이 자발적으로 어촌에 진입하는 경우가 드물고, 기존 어민이 고령화로 어업을 포기하면 인구가 바로 줄어드는 악순환이 반복되고 있다.

젊은 인력이 부족해 어촌 지역의 발전 속도는 더디고, 노동 강도가 높아지는 반면 소득은 정체된 상태가 계속된다. 의료 · 교육 등 사회적 인프라가 부족해 생활 여건이 악화되면서 젊은 층을 유인하기가 더욱 어려워진다. 결국 인구 감소와 지역 소멸의 위험성이 가속화되는 악순환에 빠진다.

해양 사고 증가

해양수산부 통계에 따르면, 우리나라 해양 사고는 2015

년 2101건에서 2020년 3156건으로 50퍼센트 이상 증가했다. 특히 어선 사고가 전체 해양 사고의 약 70퍼센트를 차지해, 어업인 안전 문제가 매우 심각해지고 있다.

소형 어선이 많은 연근해 어업 특성상, 안전시설이나 기상 예보 시스템이 취약하다. 노후한 어선이나 장비를 사용하는 경우가 많아, 풍랑·태풍 등 악천후에 쉽게 대비하기 어렵다.

기후 변화로 해양 기상이 급변하며, 돌풍·폭우·너울성 파도 등이 예측 불가능하게 발생한다. 충분한 정보 없이 출어했다가 배가 전복되거나 표류하는 사건이 빈번해져, 경제적 피해를 넘어 인명 피해까지 야기한다.

양식 생물 대량 폐사

양식업은 전 세계 수산물 공급에서 점차 큰 비중을 차지하고 있으나, 고수온·적조·질병 확산 등으로 양식 생물의 대량 폐사가 잦다.

2018년 여름 이상 고온으로 인해 전남 지역 양식장에서 약 900만 마리 넙치가 폐사했고, 피해액이 400억 원 이상에 달했다. 당시 해역 수온이 평년 대비 섭씨 3~4도 높게 유지되면서 산소 용해도가 급격히 떨어진 것이 원인이다.

해수 온도가 올라갈수록 양식 생물을 노리는 바이러스·세균성 질병 발생 가능성이 높아진다. 국내 양식장에서는 비브리오(Vibrio) 계열 세균 감염이나 각종 기생충성 질환이 늘어, 생산성 손실과 경제적 타격이 심각해지고 있다.

해양 오염 증가

해양 오염은 수산업을 넘어 전 세계 해양 생태계와 인류 건강에 치명적인 위협으로 부상하고 있다. 플라스틱·미세플라스틱·각종 화학 물질 등이 바다에 유입되어 해양 생물에 축적되고, 결국 인간 식탁에까지 오르면서 문제를 더 악화시키고 있다.

유엔환경계획(UNEP)은 매년 약 800만 톤 이상의 플라스틱이 바다로 유입된다고 추산한다. 이는 해양 생물 서식지를 훼손하고, 먹이사슬 상위 단계까지 위험을 전파하는 심각한 생태계 교란을 유발한다.

국립수산과학원 조사(2020)에 따르면, 국내 유통 수산물 약 5퍼센트에서 기준치 이상의 중금속이 검출되었다. 특히 연안 어업이 이 같은 위험에 더 노출되며, 수산물을 섭취하는 소비자의 건강 문제가 대두된다. 또한 미세플라스틱이 여러 어종의 조직에서 검출되는 사례가 늘면서, 장기적인 인체 유해성 우려도 커지고 있다.

불법·비보고·비규제(IUU) 어업의 확산

유엔식량농업기구(FAO)는 전 세계적으로 매년 1100만~2600만 톤의 수산물이 불법 · 비보고 · 비규제(IUU) 어업으로 포획된다고 추정한다. 이는 합법적인 조업 질서를 무너뜨리고 수산 자원 고갈을 가속화하는 주요 원인으로 지목된다.

불법 · 비보고 · 비규제 어업으로 어자원이 급감하면, 합법적으로 조업하는 어민들도 어획량이 줄어 수입이 줄어드는 악순환이 발생한다. 국가 차원에서는 세수 확보에 어려움을 겪고, 국제적 신뢰도에도 악영향을 미친다.

공해상에서 단속이 쉽지 않고, 외국 선박 불법 조업 추적이 어려워 불법 · 비보고 · 비규제 어업 근절이 쉽지 않다. 이를 막기 위해서는 국가 간 긴밀한 협력과 정보 공유가 필수이며, 자원 관리기구(RFMO)를 통해 불법 · 비보고 · 비규제 어업에 대한 실효성 있는 규제와 제재가 이루어져야 한다.

수산물 안전성 문제

수산물은 단백질과 오메가-3 지방산 등 풍부한 영양분을 함유해 인류 식생활에서 중요한 지위를 차지한다. 그러나 해양 오염과 기후 변화가 수산물 자체의 안전성을 흔들면서, 신뢰도 확보가 중요한 과제로 떠오르고 있다.

중금속은 해양 생물 조직에 축적되는 특성이 있어, 먹이사슬 상위 어종일수록 농도가 높아질 위험이 크다. 이를 방지하기 위해서는 중금속 오염도를 지속적으로 모니터링하고 관리해야 한다.

미세플라스틱이 어패류 조직에서 발견되는 사례가 늘면서, 해양 생태계뿐 아니라 인체 건강에도 부정적 영향을 미칠 수 있다는 우려가 커지고 있다.

복합적 문제 해소를 위한 다각적 접근 필요성

이상에서 살펴본 문제들은 상호 긴밀히 연결되어 있기 때문에, 수산업의 위기를 해결하려면 복합적인 관점과 종합적인 대응이 필수적이다. 먼저 기후 변화의 영향과 해양 생태계 변화를 철저히 모니터링하고, 이를 토대로 자원 관리 · 규제 · 지원 정책을 즉각 수립할 수 있어야 한다. 여기에 사물인터넷 · 빅데이터 · 로봇 기술 등을 접목해 어장과 양식장을 실시간으로 모니터링하고, 예측·대응 능력을 높이는 노력도 뒷받침돼야 한다.

또한 국제 사회와 협력해 불법·비보고·비규제 어업을 엄격히 단속하고, 공해상 자원 보호에 관한 합의를 확대하는 일도 중요하다. 무엇보다 젊은 인력 유입을 유도하기 위해 어촌 생활 인프라를 개선하고, 안전사고 예방 시스템을 확충하며, 수산물 유통과 가공 산업의 고부가가치화를 추진해야 한다. 그래야 어촌이 '지속가능한 공동체'로 유지될 수 있다.

소비자 신뢰 확보를 위해서는 투명한 원산지 표시와 정보 제공을 통해 수산물 안전성을 강화하고, 중금속·미세플라스틱 등 유해 물질에 대해 상시 모니터링해야 한다. 이렇게 정부·연구 기관·기업·어민·소비자 등 다양한 이해관계자가 서로 협조해 "문제 인식 → 대안 마련 → 실행 → 피드백 및 개선"의 선순환 구조를 구축할 때, 수산업이 처한 복합적 위기를 근본적으로 해결할 수 있을 것이다.

AI 기술의 잠재력

이처럼 넓은 범위와 복잡성을 지닌 문제들을 해결하기 위해서는, 인공지능(AI)이 중요한 역할을 할 수 있다. AI는 해양에서 생성되는 방대한 데이터를 효율적으로 수집 · 분석하고, 문제 원인을 정밀하게 파악해 신속하고 현명한 의사 결정을 지원할 강력한 도구가 된다.

위성 · 드론 · 관측 부이 등에서 얻는 해양 환경 데이터를 종합 분석해, 특정 시점에 특정 해역에서 어떤 어종이 얼마나 발생할지 미리 추정할 수 있다. 이는 기존의 직관 · 경험 중심 방식을 과학적 · 효율적 조업 방식으로 탈바꿈하도록 돕는다. 동시에 남획 방지와 자원 보호에도 긍정적이다.

양식 분야에서 사물인터넷 센서 · 카메라가 수온 · 산소 농도 · 수소 이온 농도 지수(pH) 등을 실시간 측정하고, AI가 이를 분석해 급이량과 사육 환경을 자동 조절한다면, 사료 · 인력 비용을 절감하고 환경 스트레스로 인한 대량 폐사도 줄일 수 있다. 이미 노르웨이 · 일본 등에서는 생산성을 30퍼센트 이상 높인 성공 사례가 보고되었으며, 우리나라에서도 스마트양식 클러스터 사업이 확산되고 있다.

선박에 장착된 선박 자동 식별 장치(AIS)나 위성 · 드론 영상을 AI로 분석해, 특정 구역에서 어선 활동이 정상인지 실시간 판단함으로써 불법 조업을 조기에 적발할 수 있다. 해양 사고 예방 측면에서도 AI가 조류 흐름, 기상 변화를 신속하게 통합 분석해 경보 시스템이나 자동 운항 시스템에 반영, 선박 전복·충돌 등을 줄이는 사례가 늘고 있다.

드론·무인 탐사정(UUV)으로 수집한 영상·데이터를 AI가 곧바로 분류·분석해 해양 쓰레기 밀집 지역이나 적조 발생 징후를 조기에 파악한다. 이로써 해양 생태계 관리와 수산물 안전성 확보에 필요한 정보를 즉각 제공할 수 있다.

AI 도입은 어촌 지역 사회에 새로운 변화를 일으키고, 청년층 유입을 촉진할 수도 있다. 전통적이고 힘든 이미지의 수산업이, 스마트폰 하나로 어장 상태를 모니터링하고 최적 시점에 출어하는 '첨단 산업'으로 변화한다면, 청년층에게도 충분히 매력적인 분야가 될 것이다.

종합하면, AI는 자원 관리·조업·양식·유통·안전 관리·해양 환경 보전·어촌 관광 등 수산업 전 분야에 걸쳐 효율과 지속가능성을 동시에 개선할 잠재력이 있다. 물론 기술만 빠르게 도입한다고 모든 문제가 곧바로 해결되는 것은 아니다. 올바른 데이터 확보와 현장 종사자의 학습·적응, 법·제도적 지원 및 예산 편성 등이 함께 이뤄져야 한다. 그럼에도 AI가 가져올 새로운 지평은, 분명 전통 수산업을 미래형 산업으로 진화시키는 데 강력한 힘이 될 것이다. 앞으로 이어지는 장들에서는 이처럼 수산업 각 분야에서 AI 기술이 어떤 방식으로 혁신을 이끌고, 어떤 성과와 한계를 보이는지 더욱 깊이 있게 살펴볼 것이다.

02
잡는 어업과 AI 융합

잡는 어업, 즉 포획 어업은 인류가 수산물을 얻어 온 가장 전통적이고 오래된 방식이다. 수천 년 전부터 사람들은 풍부한 수산 자원을 바탕으로 식량을 확보하며, 이를 통해 어촌 지역 문화를 발전시켜 왔다. 그러나 21세기에 접어들면서 기후 변화, 해양 환경 파괴, 자원 고갈, 어촌 사회의 변화 등 여러 도전에 직면했고, 이제는 이런 문제들을 해결하고자 첨단 기술과의 융합을 시도하기 시작했다. 특히 AI 기술은 잡는 어업 전 과정을 효율적으로 혁신하면서 동시에 해양 자원의 지속가능성을 확보할 강력한 도구로 주목받고 있다.

AI와 MBTI?

잡는 어업과 AI 기술의 만남

과거 잡는 어업은 선장과 조업원들의 경험과 감각에 크게 의존했다. 물론 레이더나 소나(Sonar), 어군탐지기 등 다양한 장비가 이미 보급되었지만, 여전히 사람의 주관적 판단이 중요한 역할을 해 왔다. 그러나 오늘날에는 빅데이터와 AI가 결합되면서, 해양 환경·기상·어종 분포 등 방대한 정보를 실시간으로 수집·분석·예측할 수 있게 되었고, 이를 통해 조업 효율과 자원 보호라는 두 마리 토끼를 동시에 잡을 수 있게 되었다.

특히 해양 빅데이터 플랫폼이 구축되면서, 위성에서 내려오는 해수면 온도·염분 농도·해류 흐름, 부표나 드론을 통한 해양 상태 정보, 과거 어획 통계, 심지어 선상 카메라 영상까지 모두 디지털화되어 AI 알고리즘에 투입될 수 있다. 이렇게 생성된 모델은 특정 어종의 이동 경로나 어장 형성 시점, 혼획(混獲) 가능성 등을 높은 정확도로 예측해 주어, 잡는 어업의 '게임 체인저'가 되고 있다.

AI를 이용한 어종 변화 예측

기후 변화로 인해 해수 온도가 상승하거나 해류 패턴이 바뀌면서, 어종의 분포와 이동 패턴도 급격한 변화를 겪고 있다. 예컨대 한류성 어종이 서식하던 지역에 난류성 어종이 자리 잡거나, 특정 어종의 산란 시기와 장소가 예상치 못하게 바뀌는 현상이 벌어진다. 이는 어민들에게 조업 불확실성을 높이는 요인이 되므로, 미리 예측하고 대비하는 것이 매우 중요하다.

국제해양대기청은 AI를 통해 기후 변화에 따른 어종 변화를 파악하는 다양한 프로젝트를 진행 중이다. 특히 어선에 카메라를 설치하고 AI로 영상 데이터를 분석해 어획량을 측정하는 전자 조업 모니터링 프로젝트가 눈길을 끈다. 과거에는 단순 촬영 · 저장 기능만 수행했지만, 이제 AI 영상 분석으로 어종 구분 · 어획량 측정을 자동화하며, 어종 변화 추적을 실현하려는 기술을 개발 중이다.

국내 연구진도 맥스엔트(MaxEnt) 모델이라는 AI 기반 종 분포 모델을 이용해 기후 변화가 주요 어종 분포에 미치는 영향을 예측하는 연구를 수행했다. 이 모델은 해수면 온도 · 클로로필-a 농도 같은 다양한 환경 데이터와 과거 어종 출현 기록을 입력받아 미래의 어종 분포를 예측한다. 예컨대 고등어의 경우 가을부터 봄까지 분포 면적이 늘지만, 여름에는 감소할 것으로 전망된다.

이러한 AI 기술은 어업 관리와 정책 수립에 중요한 역할을 할 수 있다. 예측된 어종 분포 변화에 따라 어획 쿼터를 조정하거나 보호 구역을 설정하는 데 활용할 수 있으며, 어민들에게 예측 정보를 제공해 조업 효율성과 연료 절감에 기여한다. 다만 아직 발전 단계라 예측 정확도를 높이기 위해 더 많은 데이터와 연구가 필요하고, 생태학적 · 경제적 · 사회적 요인을 종합적으로 고려해 실제 어업 관리에 적용해야 한다. 그럼에도 불구하고, AI 기술은 기후 변화로 인한 어종 변화 예측에 큰 잠재력을 갖추고 있으며, 해양 생태계 보전과 지속가능한 어업 실현에 필요한 핵심 도구로 발전해 갈 전망이다.

AI를 이용한 어로 장비 스마트화

노르웨이가 최근 유럽연합의 지원을 받아 도입한 AI 기반 물고기 스캐너는 어로 장비에 첨단 기술을 접목한 혁신 사례다. 이 스캐너는 '똑똑한 로봇 어부'처럼 작동해, 잡힌 물고기를 스캔하여 어종을 정확히 식별하고 크기 · 무게를 자동 측정한다. 또한 불법으로 잡힌 물고기를 선별해 내고, 개별 선박의 어획량을 체크해 불법 어획을 막는 '바다 경찰' 역할도 한다.

이 시스템은 단순 분류를 넘어 AI 기반 영상 분석으로 물고기의 신선도와 품질을 실시간 평가하는 '전문 감별

사' 기능도 수행한다. 분석이 끝난 뒤에는 로봇 팔이 나서서 물고기를 분류·포장하는 과정까지 자동화한다. 이처럼 수집된 데이터는 어종별 개체 수 변화를 추적하는 데 활용돼, 해양 생태계 모니터링에도 크게 기여할 수 있다.

AI 기반 수산 자원 관리 및 불법 조업 단속 지능화

해양 자원의 지속가능한 관리와 불법 어업 방지는 전 세계적으로 중요한 과제다. 이를 해결하기 위해 구글(Google), 오셔나(Oceana), 스카이트루스(SkyTruth)가 협력해 시작한 글로벌 피싱 와치(Global Fishing Watch)는 첨단 기술을 활용해 전 세계 바다에서 일어나는 어업 활동을 실시간으로 모니터링한다.

매일 20만 척 이상의 어선에서 약 2200만 건의 선박 자동 식별 장치(AIS)의 위치 메시지를 수집하고, 10테라바이트가 넘는 데이터를 구글 데이터 센터에서 처리한다. 이는 마치 디지털 망원경으로 전 지구적 바다를 동시에 관찰하는 것과 유사하다.

수집된 데이터를 의미 있는 정보로 전환하기 위해, 글로벌 피싱 와치는 구글 클라우드의 AI 기술을 활용해 선박 종류 · 어업 활동 여부 등을 자동 식별한다. 마치 숙련된 어부가 바다를 바라보며 조업 여부를 구분하듯, AI는 이를 24시간 전 세계 바다에서 동시에 수행할 수 있다.

이 프로젝트는 전 세계 어업 활동을 시각화 · 공개하여, 잠재적인 불법 어업을 식별하고 단속하는 데 필요한 증거를 제공한다. 이는 바다에 24시간 감시 카메라를 설치한 효과를 낸다. 더 나아가 정부 · 비영리기구(NGO) · 연구자 · 민간 기업에게 새로운 해양 관리 도구를 제공해, 해양 보호 정책 수립과 해양 생태계 연구에도 큰 역할을 한다.

결국 글로벌 피싱 와치는 AI와 첨단 기술을 활용해 전 세계 바다를 보호 · 관리하는 새로운 방법을 제시한다. 이는 단순 기술 혁신을 넘어, 해양 자원을 지속가능하게 관리하고 불법 어업을 방지하며 해양 생태계 균형을 지키는 데 기여하는 중요한 도구라 할 수 있다.

AI를 활용한 전통적인 잡는 어업의 혁신

잡는 어업은 인류가 수천 년간 바다를 이용해 온 가장 오래된 방식이지만, 이제는 AI라는 새로운 동반자와 함께 더 효율적이고 지속가능한 산업으로 변모할 가능성을 열고 있다. 과거에는 숙련된 어민들이 바다의 변화를 읽어 물고기의 움직임을 예측했지만, 오늘날에는 빅데이터와 AI가 바다와 기후 변화를 분석해 어족 자원의 이동 경로나 최적 어장을 찾아 줄 수 있다. 이는 조업 효율을 높일 뿐 아니라 해양 생태계를 보전하고 자원을 지속해서 이용할 수 있도록 돕는다는 점에서 의의가 크다.

물론 현장에는 해결해야 할 과제들이 여전히 많다. AI 시스템 초기 도입 비용이나 어민들이 새로운 기술에 적응하는 시간, 제도적 · 교육적 지원 등이 뒤따라야 한다. 그러나 노르웨이 · 일본 등 수산 선진국의 사례에서 보듯, AI와 수산업의 만남은 이제 거스를 수 없는 추세가 됐다. 더욱 정교해지는 AI, 발전하는 센서 기술, 방대해지는 해양 빅데이터가 합쳐져, 수산업은 한층 스마트하고 지속가능한 산업으로 발전할 수 있다.

이는 단순히 기술 진보를 넘어, 바다와 어민, 그리고 미래 세대를 동시에 이롭게 하는 변화다. AI 덕분에 어민들은 더 안전하고 효율적으로 조업하며, 바다는 건강한 생태계를 유지하고, 후손들은 풍요로운 수산 자원을 물려받을 수 있다.

이 장에서 살펴본 사례들은 AI가 어떻게 전통적인 잡는 어업을 변모시키고 있는지 보여 주는 출발점이다. 뒤이어 살펴볼 장들에서는 양식업 · 어선 안전 · 수산 자원 관리 · 해양 환경 보호 등 다양한 분야에서 AI가 열어 가는 새로운 가능성과 미래상을 더욱 구체적으로 확인할 수 있을 것이다.

03
기르는 어업과 AI, 스마트 양식

AI 기반 스마트 양식 기술이 전 세계 수산업 분야에서 빠르게 확산되고 있다. 전통적으로 양식업은 자연 환경에 많은 변수가 존재하고, 작업 강도도 높은 편이라 생산성 향상과 환경 보호 사이 균형점을 찾기 쉽지 않았다. 그러나 AI 기술이 접목되면서, 양식 환경을 실시간으로 모니터링하고 데이터 중심 의사 결정을 할 수 있게 되었다. 이제 양식 현장에서도 수온 · 염분 · 산소 농도 등 요소들을 체계적으로 관리하고, 어류 건강 상태와 사료 섭취량을 효율적으로 파악해 더욱 지속가능하고 경제적인 운영을 할 수 있게 되었다.

AI와 난임 극복?

AI 기술이 스마트 양식에 기여하는 방식

양식 산업에서 가장 중요한 것은 물고기를 건강하게 키울 수 있는 최적의 환경을 꾸준히 유지하는 일이다. 예를 들어, 수온이 조금만 올라가도 물고기는 스트레스를 받기 쉽고, 산소 농도가 부족하면 질병 발병 위험이 커진다. 이런 민감한 변수를 AI 시스템이 실시간으로 수집 · 분석하고, 필요하다면 자동으로 온도나 산소 공급량을 조절한다면, 물고기가 가장 건강하게 성장할 수 있는 환경을 안정적으로 제공할 수 있다.

미국 · 노르웨이 등지에서는 센서와 카메라, 그리고 클라우드 기반 AI를 결합하여 수조 안팎의 환경 데이터를 24시간 모니터링하고 조정한다. 이는 전통적인 양식장에서 사람이 물을 직접 떠서 검사하는 수고와 시간 낭비를 크게 줄이는 데 도움이 된다.

AI는 물고기의 행동 패턴을 분석해 사료 섭취 속도와 몸체 성장 상황을 정밀하게 파악한다. 예컨대 노르웨이 아쿠아바이트(AquaByte)는 AI 기술로 물고기 건강 상태와 생육 속도를 추적하며, 얼마만큼의 사료가 필요한지를 정확하게 계산해 준다. 이를 통해 사료 낭비를 최소화하고 비용을 절감하며, 해양 오염 역시 줄일 수 있다. 과거에는 경험에 의존해 사료를 과도하게 투입하기 쉽지만, 이제는 데이터를 기반으로 한 정밀 급이가 가능해진 것이다.

수중 카메라 · 센서 · AI 알고리즘이 결합하면 물고기의 외형이나 움직임을 실시간 추적해 이상 징후를 조기에 발견할 수 있다. 어류가 특정 바이러스에 감염되면 행동과 외형에서 미묘한 변화를 보이는데, AI는 이를 사람의 육안보다 훨씬 빠르고 정확하게 감지해 어민들에게 경고 메시지를 보낸다. 이를 통해 질병 확산을 사전에 방지하고 대규모 폐사를 줄이는 데 도움을 줄 수 있다. 이는 특히 양식 어업에서 손실 규모가 큰 질병 문제를 예방하는 데 매우 중요하다.

AI를 활용한 스마트 양식의 대표 사례

국내에서도 스마트 양식에 대한 관심이 높아지면서 여러 기업과 연구소가 AI 기술을 접목한 시스템을 선보이고 있다. 예를 들어, 원투씨엠의 '에코스 플랫폼'은 양식장 내 센서 정보를 실시간 분석해, 수온 · 산소 농도 · 사료 섭취 상태 등을 쉽고 빠르게 전달한다. 이를 통해 어민들은 상황별로 즉각적인 조치를 취할 수 있고, 수조 관리 비용과 시간을 절약할 수 있다.

캐나다 엑스퍼트시(XpertSea)는 AI 기반 스마트 어류 양식 솔루션을 운영해, 어민들이 물고기 성장 상태와 환경 변화를 앱이나 웹 대시보드로 바로 확인하도록 지원한다. 예컨대 수온이 위험 수준으로 오르거나 산소 농도가 급락하면, 시스템이 실시간 알림을 보내 긴급 조치를 안내한다. 또한 물고기 개체수와 평균 몸길이를 자동 추정해 출하 시점이나 사료 공급량을 최적화하도록 돕는다.

스마트 양식의 장점: 지속가능성과 경제성

AI 기반 스마트 양식은 생산성을 높이는 동시에 환경과 자원을 보호한다는 장점을 지닌다. 예를 들어 과잉 사료나 약품 사용을 줄이면 해양 오염이 최소화되고, 양식 종의 질병 발생률을 낮추어 자연생태계에 미치는 부담을 덜 수 있다.

양식 어업 생산성이 높아지면, 상대적으로 해양에서 무분별하게 잡는 포획 어업에 대한 의존도가 낮아질 수 있다. 이는 불법 어획을 억제하고, 장기적으로 해양 생태계를 건강하게 유지하는 효과를 불러온다.

스마트 양식 기술 보급은 첨단 장비 · 소프트웨어 개발, 교육 · 컨설팅 등 새로운 일자리를 창출하고, 어촌 지역의 인구 유출 문제를 완화할 가능성이 있다. 게다가 고

품질 수산물을 안정적으로 생산해 소비자 신뢰를 높이고, 고부가가치 상품화도 용이해진다.

유엔식량농업기구 통계에 따르면, 양식업이 전 세계 수산물 생산량에서 차지하는 비중은 계속 상승하고 있다. AI 기술이 확대 적용된다면, 인구 증가와 기후 변화로 인한 식량 위기에 한층 효율적으로 대응할 수 있을 것이다.

지속가능한 수산업으로의 전환

AI 기반 스마트 양식은 지속가능한 수산업을 실현하는 열쇠가 되리라 기대된다. 전통 양식 방식과 달리, 데이터 기반 의사 결정으로 물고기 생장률과 환경 보호를 동시에 확보할 수 있는 구조이기 때문이다. 또한 앞으로 센서 기술이 발전하고 5G/6G 네트워크로 실시간 대용량 데이터 전송이 가능해지면, 양식장 운영 효율은 더욱 높아질 전망이다.

물론 AI 기술이 아무리 좋아도 초기 비용이나 인력 교육 문제가 남아 있다. 그러나 각국 정부와 연구 기관이 공동 연구 개발(R&D)을 추진하고, 민간 차원에서 기술 도입 보조를 지원하는 등 정책적 노력이 뒤따른다면, 점차 많은 양식장이 디지털 전환에 참여하게 될 가능성이 크다.

무엇보다 양식 산업은 단순히 생산성 향상을 넘어, 바다 생태계와 어업 종사자 모두에게 이로운 방향으로 변화할 수 있다는 점이 중요하다. AI를 통해 질병을 조기에 발견해 어류 폐사를 줄이고, 불필요한 자원 낭비를 막을 수 있으며, 결국 양식 어민들이 더 풍요로운 수익 구조를 갖출 가능성이 커진다.

AI가 열어가는 스마트 양식의 시대

AI 기술은 이미 많은 나라에서 양식 현장을 변화시키고 있다. 수온 · 산소 농도 등 환경 변수를 자동 제어하고, 사료 급이 · 질병 관리를 정교하게 할 수 있는 시스템 덕분에, 양식업계는 예전보다 훨씬 지속가능하고 안정적인 경영이 가능해졌다. 참치 품질을 판별하는 등 고부가가치 분야에 AI가 적용되면서, 산업 전반에 새로운 부가가치가 생겨나고 있다.

이처럼 AI 기반 스마트 양식 기술은 환경 보호, 식량 안보, 지역 경제 활성화라는 세 가지 측면에서 중요한 전환점을 가져다준다. 기술이 더 발전하고 규제 · 인프라가 개선된다면, '기르는 어업'은 기후 변화와 해양 생태계 위기에도 안정적 식량 공급원이 될 수 있다. 더 나아가 전통 양식 방식을 넘어 혁신적 해양 바이오 분야로도 확장될 가능성이 높다.

결국 AI가 열어 가는 스마트 양식 시대는 단순히 기술 혁신에 머무르지 않고, 지속가능성이라는 가치 아래 어민 · 소비자 · 해양 환경 모두가 상생할 수 있는 새로운 해답을 제시한다.

04

AI 기반 어선 안전과 어선 설계

어업은 해상이라는 특수 환경에서 이루어지므로, 날씨 · 파도 등 예측하기 어려운 외부 요인에 취약하고, 사고 발생 위험도 높다. 이런 문제를 줄이기 위해 여러 나라에서는 AI를 활용해 어선 안전 시스템을 구축하고 있으며, 기상 데이터 · 선박 움직임 센서 · GPS 등을 실시간으로 수집 · 분석해 전복이나 충돌 같은 위험 상황을 사전에 예측하고 경고한다.

AI와 사주?

바다 위 우리의 눈이 되어주는 AI 기술

야간이나 안개 낀 바다에서 어선을 운항하는 일은 매우 위험하다. 기존에도 레이더나 자동 식별 장치(AIS)가 있지만, 작은 물체나 긴급 상황은 놓치기 쉽다. 이를 해결하기 위해 시닷에이아이(SEA.AI)사가 개발한 AI 기반 첨단 안전 시스템이 주목받고 있다.

시닷에이아이사가 개발한 카메라는 저조도 카메라와 열화상 카메라처럼, 어두운 밤에도 잘 보이고 물체 온도를 감지할 수 있는 장비를 활용해 선박 주변을 24시간 감시한다. 사람의 시야로는 놓치기 쉬운 작은 부표나 타 선박, 심지어 바다에 빠진 사람도 찾아내며, 360도 전 방향을 한눈에 볼 수 있어 배가 '전담 경비원'을 둔 것과 같은 효과를 낸다.

AI가 주변 상황을 끊임없이 살피다가 위험 요소를 발견하면 즉시 경고를 보낸다. 안개 속에서 나타난 다른 선박이나, 야간에 떠다니는 컨테이너 등 위험물도 미리 인지해 충돌 사고를 막을 수 있다. 사람이 바다에 빠진 긴급 상황에서는 위치를 정확히 파악해 골든타임을 확보하는 데 큰 도움을 준다.

시닷에이아이의 기술은 선장과 선원들에게 배의 '똑똑한 보조 항해사' 역할을 수행한다. 해상 상황을 실시간 모니터링하며, 위험이 감지되면 곧바로 경고를 발령해 안전한 항해를 돕는다. 이런 첨단 기술을 활용하면 어민들은 더 안전하게 조업할 수 있고, 해양 사고도 크게 줄일 수 있을 것으로 기대된다.

AI 기반 최적화된 어선 설계

어선 설계는 해상에서 작업하는 특수성을 감안해야 하므로 안전성과 효율성을 동시에 만족하는 것이 핵심이다. 전통적으로는 유체역학 시뮬레이션과 엔지니어들의 경험에 크게 의존해 왔지만, 최근에는 AI 기술이 결합된 설계 혁신이 주목받고 있다. AI는 유체역학 · 구조 해석 · 에너지 효율성 등을 통합 분석해 최적의 선형(船形)을 제시하거나, 어종과 어업 방식에 맞춘 맞춤형 설계를 제안하기도 한다. 이는 어업 종사자의 안전 · 편의를 높이고, 동시에 해양 생태계를 보존할 수 있다는 점에서 각광받고 있다.

국내에서는 한국해양교통안전공단(KOMSA)이 'AI 기반 어선 설계 데이터 플랫폼 개발 및 실증' 프로젝트를 추진하며, 2021년부터 2026년까지 정부 출연금 약 197억 원을 투입하고 있다. 이 프로젝트의 주요 목표는 어민들의 실제 요구를 반영해, 안전하고 효율적인 어선을 설계할 수 있는 통합 플랫폼을 구축하는 것이다.

이 프로젝트는 AI를 활용해 소형 연안 어선 각 부위별 모듈 데이터를 만들고, 선체 · 장비 조합에 따른 성능을 예측하는 시스템을 마련한다. 이를 통해 어민들은 자신의 해역 · 어종 · 조업 방식에 맞춘 다양한 설계안을 비교 · 검토하고 최적의 선택을 할 수 있다.

이 시스템은 해역별 · 업종별 · 톤급별 여러 요구 사항을 누적 · 분석해 설계하는 등 현장 수용성과 안전성을 동시에 추구한다. 실증 단계를 마치면, 소형 연안 어선의 편의성 · 안전성이 대폭 개선될 것으로 기대된다.

이 연구는 고밀도 폴리에틸렌(HDPE) 같은 소재를 활용한 친환경 어선 개발로도 이어질 전망이다. 이는 해상에서의 탄소 배출 및 폐기물 발생을 줄여 지속가능성 측면에서도 의미가 크다.

해외에서도 AI 기술을 도입해 선박 설계와 운영을 동시에 최적화하려는 프로젝트가 증가하고 있다. 그중 하나인 베슬에이아이(VesselAI)는 데이터 분석 · 의사 결정 지원 모델 · 디지털 트윈 · 해양 응용 프로그램 등을 아우르며, 해양 산업 전반에 포괄적 솔루션을 제공한다.

베슬에이아이는 선박 행동 · 운항 패턴을 가상 환경에서 시뮬레이션 · 최적화하는 디지털 트윈을 구축한다.

실제 운항 이전에 여러 시나리오를 테스트해 연료 소비, 조업 효율 등을 예측 · 계산할 수 있다. AI 알고리즘은 에너지 시스템을 종합 분석해 연료 소비를 줄이고 효율은 높이는 방안을 마련하며, 이는 대형 어선뿐 아니라 중소형 연안 어선에도 적용 가능한 잠재력이 있다.

베슬에이아이는 방대한 선박 데이터를 안정적으로 처리하기 위해 고성능 컴퓨팅(HPC) 환경을 제공한다. 이를 통해 디지털 트윈 및 다양한 해양 응용 프로그램에서 발생하는 대규모 데이터를 관리 · 분석할 수 있다.

AI 모델이 방대한 운항 데이터를 분석해 최적 선체 구조와 항로를 제시하면, 선박 전복 · 충돌 같은 사고 위험을 크게 줄이고, 연료 · 장비 유지비를 절감해 수익성도 향상된다. 또한 에너지를 덜 쓰고 오염원을 줄이면 해양 생태계 보호에도 기여할 수 있다.

결국 AI 기반 어선 설계 기술은 안전성과 효율성, 그리고 친환경성을 동시에 추구한다는 점에서 기존 전통적 접근과는 근본적으로 다르다. 한국해양교통안전공단(KOMSA)의 연구와 같이 정부 · 공공 기관이 적극 지원해 데이터 플랫폼과 표준 모델을 마련한다면, 소형 연안 어선부터 중대형 어선까지 폭넓은 현장에 보급될 가능성이 크다. 베슬에이아이 같은 해외 프로젝트도 디지털 트윈 등 첨단 기술을 선박 산업에 접목해 설계 · 운영 과정을 자동화 · 지능화하고 있다.

이런 흐름은 해양 산업 패러다임 자체를 변화시킬 잠재력을 지닌다. AI가 제공하는 데이터 분석 · 예측 능력을 통해 어업 종사자는 더 안전한 환경에서 더 나은 성과를 낼 수 있고, 해양 생태계에 대한 부정적 영향도 최소화할 수 있다. 기술이 발전하고 제도 · 환경적 지원이 강화된다면, 수산업 전반의 혁신은 더욱 가속화될 전망이다.

AI 기술을 통한 어선의 미래 전망

AI 기술은 어선 안전 시스템부터 최적화된 어선 설계까지 어선 분야 전반에 빠르게 확산되고 있다. 이미 해외에서는 어선 사고 위험을 50퍼센트 이상 줄이거나 어획 능력을 높이는 등 가시적 성과가 나타나고 있으며, 국내에서도 여러 연구 기관 · 기업이 다양한 프로젝트를 통해 구체적인 결과물을 내놓고 있다. 이를 통해 해상 사고를 크게 줄이는 것은 물론, 에너지 효율적이고 경제성을 갖춘 어선이 더욱 늘어날 것으로 기대된다.

무엇보다 AI는 바다에서 발생하는 예측 불가능한 요소를 최대한 정량화해 신속하고 정확한 의사 결정을 가능하게 한다. 이는 어민들의 안전과 수익을 동시에 높일 수 있는 중요한 길이다. 다만 자율 운항 어선처럼 완전 자동화 기술에 이르기까지는 여전히 제도적 · 기술적 과제가 많고, 기존 선원들의 고용 문제도 함께 논의해야 한다. 결국 어선 분야에서 AI 활용은 수산업 전체의 혁신을 이끌 강력한 동력으로, 안전성과 생산성을 높이는 동시에 해양 생태계도 지켜 나가는 방향으로 발전할 것으로 보인다.

05
AI가 접목된 미래 자율 운항 선박

자율 운항 선박은 말 그대로 사람이 탑승하지 않거나 탑승하더라도 AI 시스템이 항해와 안전 관리를 대부분 담당함으로써, 인적 오류를 줄이고 연료 효율을 높일 수 있다. AI가 결합된 자율 운항 선박 분야에서 국제적으로 어떤 사례들이 있으며, 국내에서는 어떤 기술 개발이 이뤄지고 있는지 살펴보고, 나아가 미래 해운 산업에 미칠 영향과 가능성을 함께 살펴보고자 한다.

AI와 아이돌?

자율 운항 선박의 현재와 미래

노르웨이는 해운·해양 분야에서 기술 혁신을 선도하는 대표 국가다. 비료 회사 야라(YARA)와 기술 기업들이 협력해 추진 중인 야라 비르켈란(YARA Birkeland) 프로젝트는 세계 최초의 완전 자율 운항 화물선을 목표로 삼고 있다. AI가 주변 환경을 인식해 충돌 위험이 있으면 실시간 경로 변경을 수행하고, 항해 과정에서 센서로 수집된 방대한 해상 정보를 분석해 안전 운항을 보장한다. 상용화되면 인건비 절감은 물론 이산화탄소 배출 저감 효과도 기대되며, 노르웨이 정부는 이를 통해 친환경 해운 산업을 선도하며 해운 자동화 가능성을 전 세계에 제시하고 있다.

아이비엠(IBM)과 비영리 해양 연구 단체 프로마레(Promare)가 협력해 대서양을 횡단하는 완전 자율 운항 선박 개발이라는 도전에 나섰다. AI·클라우드 컴퓨팅·에지 컴퓨팅 등을 총동원해 주변 환경을 카메라·레이더로 인식하고, 최적 항로를 결정한다. 기상·해양 데이터를 분석해 위험 요소가 탐지되면, 신속하게 우회하거나 속도를 조정한다. 이 선박이 성공적으로 자율 운항으로 대서양을 횡단한다면 상징적 의미가 클 뿐 아니라, 향후 대형 화물선·연구 선박 등으로 확대 적용돼 해운 · 물류 · 해양 연구 등 다방면에 파급 효과가 있을 것으로 보인다.

유럽연합이 추진하는 무닌(MUNIN, Maritime Unmanned Navigation through Intelligence in Networks) 프로젝트는 자율 운항 선박의 안전성과 효율성을 높이는 종합 연구 사업이다. 선박 항해 자동화 · 최적화 기술을 개발해 원격 관제와 AI 알고리즘을 결합하고, 충돌 회피 · 항로 최적화 · 에너지 절감 등 다양한 의사 결정을 AI가 지원한다. 무닌은 단일 선박 자율 운항뿐 아니라, 함대 전체를 지능적으로 운항하는 미래상을 그리며, 유럽연합은 이 프로젝트를 통해 글로벌 해운 시장 경쟁력을 강화하고 환경 · 안전 문제를 동시에 해결하려 한다.

국내 조선업계 선두주자인 현대중공업은 카이스트(KAIST)와 협력해 개발한 항해 지원 시스템(HiNAS)을 SK해운 벌크선에 탑재해 실증 테스트를 진행 중이다. 이는 AI를 활용해 선박 카메라 영상을 분석, 주변 선박이나 부유물 등을 자동으로 인식해 충돌 위험을 경고하고, 항로 변경이나 속도 조절까지 제안한다. 또 이 · 접안 지원 시스템(HiBAS)은 항만 접안 시 인공지능으로 접근 경로 · 속도를 계산해 안전도를 높이고, 디지털 트윈 플랫폼(HiDTS)은 선박 운항 데이터를 가상으로 재현해 에너지 효율이나 안전 상태를 시뮬레이션한다. 이러한 자율 운항 관련 기술은 한국 조선업 전반에 큰 파급 효과를 미칠 것으로 기대되며, 현장 도입 시 인적 오류로 인한 해양 사고 감소 · 연료 소비 및 탄소 배출 절감 등 다양한 이점을 기대할 수 있다.

자율 운항 선박에 적용되는 AI 기술과 효과

자율 운항 선박에서 가장 중요한 부분은 안전이다. AI는 레이더 · 카메라 · 라이더(LiDAR) · 선박 자동 식별 장치(AIS) 등의 방대한 데이터를 실시간으로 처리해 주변 선박 · 장애물을 식별한다. 이를 기반으로 항로 변경 · 속도 조절 등 판단을 자동화함으로써 충돌 사고 위험을 획기적으로 낮출 수 있다.

또한 AI는 해류 · 파고 · 풍향 · 기상 정보를 종합 분석해 최적 항로를 설정, 운항 시간을 줄이고 연료 소비를 최소화한다. 예컨대 SK해운 벌크선에 적용된 항해 지원 시스템(HiNAS)처럼 항해 데이터를 분석해 가장 경제적인 루트를 제안함으로써, 국제해사기구(IMO)의 강화된 환경 규제에도 대응할 수 있다.

자율 운항 선박은 원격 관제 시스템과 밀접하게 연계

된다. 긴급 상황이 발생하면 육상 관제 센터에서 즉시 제어하거나, AI가 상황 판단을 내려 대처할 수 있다. 이로써 해상 사고 시 인명 피해가 크게 줄고, 항해 인력 수요도 감소한다. 특히 먼바다 운항이나 위험 지역 항해에 탁월한 이점을 가진다.

자율 운항 선박이 가져올 미래 변화

해운 산업은 세계 무역의 근간이다. 자율 운항 선박이 본격 도입되면 해운 물류 체계가 자동화 · 디지털화되어, 대형 화물선부터 연안 소형 선박까지 전반적으로 스마트화가 추진될 전망이다. 선사들은 실시간으로 선박 위치 · 운항 상태를 모니터링하고, AI가 제공하는 정보를 토대로 효율적인 스케줄링과 탄소 중립을 도모할 수 있다.

자율 운항이 실현되면 기존 항해사 · 기관사의 업무가 크게 달라질 수 있다. 예를 들어, 선원이 배에 상주하지 않고 원격 관제 센터에서 함대를 모니터링하며 긴급 상황 시 개입하는 방식으로 바뀔 가능성이 높다. 이는 해상 인력난 해결에 도움을 주지만, 기존 선원 업무가 축소되므로 직업 재교육이 필수다.

충돌 · 좌초 · 인명 사고 등 해상 사고가 줄면 해상보험 체계도 변화할 것이다. 자율 운항 선박이 일정 수준의 안전 기록을 확보하면, 보험료 인하나 새로운 형태의 해상 보험 상품이 등장할 수 있다. 운항 리스크가 낮아지면 해운 물류의 안정성과 경제성이 더욱 높아질 전망이다.

자율 운항 선박 상용화를 위해서는 현행 국제해사기구(IMO) 규범 및 국내 선박안전법이 대부분 사람 운항을 전제로 하고 있어, 무인 운항 허용 범위나 사고 책임 규정이 모호하다. 무인 운항 선박에 대한 책임 소재, AI 알고리즘 안전성 인증, 사이버 보안, 데이터 주권 문제 등이 복합적으로 얽혀 있다. 항만 · 육상 통신망, 원격 관제 센터 등 대규모 인프라도 필요하다. 해운은 국제적 활동이므로, 각국 법 · 규제가 달라 혼선을 빚을 수 있어 국제해사기구(IMO)를 중심으로 공동 표준을 마련하고 기술 · 데이터를 공유하는 협력 체계가 필수다.

자율 운항 선박은 단순히 '사람 없이 운항된다'는 개념을 넘어, 해상 물류 전반에 걸쳐 안전 · 효율 · 환경이라는 세 축을 모두 개선할 수 있는 잠재력을 갖고 있다. AI를 통한 최적 항로 결정 · 운항 자동화 · 충돌 위험 예측 등은 해운 물류와 조업 방식을 근본적으로 재편하고, 기존 항해 인력의 역할도 새롭게 정의하게 될 것이다. 한편, 법 · 제도와 인프라가 제대로 마련되지 않으면 기술

적용이 늦어지거나 부작용이 발생할 수 있으므로, 각국과 산업계가 긴밀히 협력해 관련 장애물을 해결해 나가야 할 것이다.

결론적으로, 자율 운항 선박은 미래 해운 산업을 이끄는 핵심 동력으로 평가받으며, 안전성과 생산성을 모두 향상시키는 동시에 해양 생태계 보호에도 기여할 것으로 전망된다. 다음 장들에서는 수산업의 다른 영역에서 AI가 어떻게 적용되고 있는지 계속 살펴보고, 자율 운항 선박이 어떻게 전체 수산업 생태계와 맞물려 시너지를 낼 수 있을지 구체적으로 확인해 볼 것이다.

06
해양 환경 분석과 예측을 위한 AI

지구 표면의 70퍼센트 이상을 차지하는 바다는 인류에게 식량 자원과 기후 조절 기능을 제공한다. 하지만 기후 변화, 해양 오염, 생태계 파괴 등 다양한 문제가 심각해지면서, 예측하기 어려운 해양 재난이나 어종 감소가 잇따라 발생하고 있다. 이런 위기를 해결하기 위해서는 실시간으로 쏟아져 나오는 방대한 데이터를 효과적으로 해석해야 하는데, AI는 이를 빠르고 정확하게 처리하는 강력한 도구로 주목받고 있다.

AI와 야구?

해양 환경 분석 분야에서 AI의 필요성

바다는 광활하고 변화무쌍하며, 동시에 수온·염분·산소 농도·파도·해류 등 수많은 변수가 얽혀 있다. 과거에는 일부 관측과 통계로 대응했지만, 기후 변화 속도가 빨라지면서 단순 분석의 한계가 분명해졌다. 결국 AI가 대규모 해양 데이터를 통합 관리하고 예측 모형을 구축하는 과정에서 혁신을 이끌어 내면서, 해양 재난 예방·자원 관리·기후 변화 대응 등 다양한 분야에서 눈에 띄는 변화를 일으키고 있다.

유네스코 정부 간 해양학위원회(IOC)는 이러한 변화를 반영해, 2021년부터 2030년까지를 '지속가능한 발전을 위한 해양 과학 10년'으로 선포했다. 이 기간 동안 전 세계가 AI 등 첨단 기술을 활용해 바다를 더 깊이 이해하고 건강하게 유지하겠다는 목표다. "하나의 지구, 하나의 바다(One Planet, One Ocean)"라는 슬로건처럼, 해양은 국경을 넘는 존재이기에 글로벌 차원의 공동 관리와 데이터 교류가 필수다.

IOC는 해양 환경 보호와 지속가능성을 위해 AI 기술의 잠재력을 강조한다. 쓰나미 같은 해양 재해를 사전에 발견해 조기 경보를 내리거나, 해운·물류 분야에서 방대한 데이터를 분석해 최적 항로를 제시하는 작업이 대표적이다. 과거에는 파도 높이 · 바람 방향 · 선박 성능 등 서로 다른 변수를 한 번에 고려하기 어려웠지만, AI 기술 덕분에 해양 재해 예방 · 연료 절감 등 구체적인 성과가 나타나고 있다.

미치다 유타카 의장은 "AI가 단순 계산을 넘어 해수면 온도 · 해류 움직임 · 대규모 선박 운항 정보를 통합 처리하기 때문에, 해상 물류와 안전 분야에서 큰 도약을 기대할 수 있다"라고 말한다. 동시에 유네스코는 'AI 윤리 권고안'을 통해 데이터 편향과 소유권 문제가 발생하지 않도록 각국이 유의해야 한다고 강조하며, 해양 데이터 공유와 윤리적 활용이 함께 이뤄져야 AI 가치를 극대화할 수 있다고 지적한다.

해양 데이터 실시간 분석 및 예측

미국과 유럽에서는 해양 순환 예측 시스템인 하이콤(HYCOM, Hybrid Coordinate Ocean Model)과 네모(NEMO, Numerical Ocean Model)를 개발해, 대규모 해양 데이터를 실시간으로 분석 · 예측하고 있다.

미 해군 주도로 개발된 하이콤(HYCOM)은 다양한 관측 자료를 3차원 변분 기법(3DVAR)으로 통합해, 물리적 해양 상태를 정교하게 시뮬레이션한다. 위성 고도계 ·

해빙 농도 · 수온 프로파일 등 최신 정보를 매일 반영해 실시간 예측을 수행하며, 해양 생태계 변화나 기후 변화를 빠르게 파악한다.

유럽에서 개발된 네모(NEMO)는 고해상도 시뮬레이션을 중심으로 기후 변화와 해양 생태계 간 상호 작용을 중점 연구한다. 어업 관리 · 해양 안전 · 환경 보호 등 다양한 분야에 적용할 수 있는 세밀한 데이터를 제공해, 연구자와 정책 입안자의 의사 결정을 돕는다.

하이콤과 네모는 어업 · 해양 안전 · 환경 정책 분야에서 실시간 모니터링과 예측을 가능하게 해, 재해나 환경 문제가 발생했을 때 신속 대처를 지원한다.

캐나다 해양 관측 · 연구 시설인 오션 네트웍스 캐나다(ONC, Ocean Networks Canada)는 태평양 북동부와 살리시 해역에 설치된 넵튠(NEPTUNE), 비너스(VENUS) 같은 유선 해양 관측소를 운영하며, 수온 · 염분 · 산소 농도 · 생물 활동 등 광범위한 해양 데이터를 수집한다. 오션 네트웍스 캐나다가 이 데이터를 AI 기술과 결합해 해양 환경을 분석 · 예측하는 방식은 다른 국가에도 모범 사례가 되고 있다.

밴쿠버 섬 서쪽에 위치한 넵튠은 해류 · 지각 활동 · 생태 변화를 광범위하게 관찰해, 지진 · 해양 생태계 연구에 기여한다. 비너스는 살리시 해역에서 수온·염분·산소 농도 등 해양 환경 변수를 정밀하게 추적한다.

오션 네트웍스 캐나다는 하루 200기가바이트 이상의 데이터를 오션 3.0(Oceans 3.0) 플랫폼을 통해 무료로 공개한다. 연구자·일반인 누구나 접근할 수 있으며, AI 기술로 대규모 자료를 체계적으로 분류·분석해 기후 변화나 자원 관리 연구에 활용한다.

원주민과 연안 지역 사회 주민들도 모니터링에 참여해, 수집된 데이터가 실제 생활·자원 관리에 직접 반영되도록 한다는 점이 특징이다.

캐나다 정부는 2023년부터 5년간 오션 네트웍스 캐나다에 4650만 달러를 투자해 해양 모니터링 시스템을 강화하고, AI 분석 역량을 높일 계획이다. 이를 통해 쓰나미 조기 경보·해양 생태계 연구·기후 변화 모니터링 등을 한층 더 발전시킬 전망이다.

결국 오션 네트웍스 캐나다의 사례는 대규모 해양 데이터와 AI가 결합될 때, 해양 생태계 이해와 지역 사회 협력이 어떻게 한 단계 업그레이드될 수 있는지를 잘 보여준다.

해양 환경 분석·예측에 AI 기술을 접목한 효과와 미래 전망

AI 기반 해양 환경 예측은 재난 예방에 뛰어난 성과를 낸다. 태풍 · 쓰나미 · 적조 등 전에는 단순 관측으로 늦게 파악하던 현상을, 센서 · 위성 자료를 AI가 자동 분석해 조기 경보로 대응할 수 있다. 이로써 인명 · 재산 피해를 줄이고, 양식장 · 연안 지역 경제적 타격도 최소화할 수 있다.

AI가 해양 생태 변화와 어종 분포를 종합 분석해 지속 가능한 어업에 기여한다. 언제 어느 해역에서 어떤 어종이 많이 잡힐지 사전에 예측하면, 남획을 억제하고 어민들의 소득을 안정적으로 유지할 수 있다.

장기적으로 AI는 해양 기후 변화 연구에도 긴밀히 활용될 전망이다. 해양은 대규모 탄소 흡수원으로서 온난화에 대응하고, 해류 변화가 생물학적 변화를 일으키는 과정을 정밀하게 추적할 수 있기 때문이다. 이는 전 세계가 기후 변화 대책을 수립하는 데 주요 근거가 된다.

해운 · 물류업은 자율 운항 선박으로 진화해, AI가 실시간으로 기상 · 해류 정보를 분석해 최적 항로를 안내하는 시대가 열릴 가능성이 높다. 또한 해상 드론 · 로봇이 수질 · 생물 자료를 수집해 AI에 곧바로 전송한다면,

전 지구적 해양 정보망이 구축되어 바다 전체가 하나의 '해양 사물인터넷(IoT)'으로 변모할 수도 있다.

이처럼 AI는 해양 환경 분석과 예측 분야에서 큰 잠재력을 지니고 있다. 해양이라는 광활하고 복잡한 공간에서 빅데이터를 실시간 처리해 정교한 모델을 만들고, 이를 통해 기후 변화 · 재난 예방 · 자원 관리 · 물류 최적화 같은 폭넓은 문제를 해결하도록 돕기 때문이다. 앞으로 센서 · 통신 기술 발전, 국가 간 협력 강화, 제도적 뒷받침 등이 이뤄지면, 해양 환경 분석 · 예측 분야에서 AI 기술의 역할은 더욱 커질 전망이다.

07
AI를 이용한 해양 생태계 연구

최근 위성 · 드론 · 수중 센서를 통해 얻은 방대한 빅데이터를 AI가 실시간으로 처리함으로써 해양 생물 분포 · 해초 군락 · 적조 발생 등을 더 정교하게 예측할 수 있게 되었다. 이를 통해 해양 자원 관리와 해양 생태계 보호가 한층 체계화되고 효율적으로 이루어질 전망이다. AI를 이용한 해양 생태계 연구에 초점을 맞춰, 해외 프로젝트와 국내 연구 사례를 살펴본다. 또한 AI가 해양 생태계를 관찰 · 분석하는 구체적인 방식과, 이를 통해 해양 생물을 보호하고 자원을 지속가능하게 관리하는 방안을 함께 살펴볼 것이다.

AI와 윤동주?

AI로 해양 생태계를 지키는 다양한 시도

캐나다의 웨일 시커(Whale Seeker)는 해양 포유류, 특히 고래를 보호하기 위한 AI 기술을 개발하는 기업으로, 최근 캐나다 연방 수산부로부터 85만 달러의 지원을 받을 만큼 그 기술력을 인정받고 있다. 항공 · 위성 이미지를 AI로 분석해, 사람의 눈보다 약 25배 빠른 속도로 고래를 감지한다. 고래 보호 구역에 어선이나 화물선이 접근해 충돌 위험이 높아지면 이를 조기에 경고해 선박 운항자가 항로를 우회하도록 돕는다.

이처럼 고래와 선박 간 충돌을 사전에 차단함으로써, 해양 생태계의 핵심 포식자인 고래를 안전하게 보호하고 해양 생물 다양성을 지키는 데 기여한다. 웨일 시커 기술은 고래 관찰에 국한되지 않고, 해양 생태계 전체를 인공지능 알고리즘으로 상시 모니터링해 실시간 조치를 가능하게 한다는 점에서 의미가 크다.

아일랜드 해양연구보존협회(ORCA)와 화웨이 아일랜드가 공동 진행 중인 스마트 고래 사운드(Smart Whales Sound) 프로젝트는 음향 데이터와 AI 분석을 접목해 고래를 보호하고 해양 소음 공해를 줄이는 데 초점을 맞춘다. 고래 출몰 지역에서 수집된 음향 데이터를 AI가 분석해, 선박에 실시간 알림을 제공한다. 고래가 가까이 있을 때 엔진 소음을 줄이거나 우회 항로를 권장해 해양 생태계 교란을 최소화한다.

또한 해상 풍력 발전이나 해양 재생 에너지 시설 건설 단계에서 발생하는 소음도 AI로 관리해, 해양 동물들이 받는 스트레스와 이동 방해를 줄인다. 고래 · 돌고래 같은 청각 의존도가 높은 생물에게 치명적인 해양 소음을 정량적으로 측정 · 분석해, 실제 보호 조치로 이끌도록 돕는다. 이는 해양 재생 에너지 개발과 해양 생물 보호가 공존할 수 있는 가능성을 제시한다.

미국 스타트업인 율리시스 에코시스템 엔지니어링은 바다에 해초를 심는 자율 로봇을 개발해 주목받고 있다. 해초는 탄소 흡수 · 저장 능력이 뛰어나 기후 변화 완화와 해양 생물 서식지 조성 등에 큰 도움을 준다. 이 로봇은 AI 알고리즘으로 최적의 위치를 찾고 해초 씨앗을 심어, 전통 방식보다 약 100배 빠른 속도라는 것이 회사 측 설명이다. 또 해양 환경 변화에 따라 심는 깊이 · 위치를 스스로 조정해 해초 생존율을 높인다.

이러한 해조류 군락 형성은 바다 생물 다양성 회복에 중요한 역할을 하며, 해양 탄소 저장 능력을 강화하고 파도 · 조류 등에 의한 해안 침식을 완화하는 이점이 있다. AI를 통한 해초 복원 속도 향상은 해양 생태계를 적극적으로 재생하는 새로운 모델이 될 것으로 기대된다.

한국해양과학기술원(KIOST)은 해양 생태계 상태를 진단하고 예측하는 데 AI를 활발히 도입하고 있다. 수질·퇴적 환경·생태계 자료 등 다양한 지표를 모아 공간정보 빅데이터로 통합한 뒤, 머신러닝 알고리즘을 적용해 해양 생태 변화·위험 요소를 파악한다.

해양 환경 변수를 머신러닝 알고리즘에 입력해 적조나 괭생이모자반 발생을 사전에 예측한다. 실시간 센서 데이터를 자동 분석해 연안 오염이나 부영양화(녹조 현상) 악화를 빠르게 발견하고, 신속 대응을 가능케 한다.

한국해양과학기술원의 연구는 지역·계절별 다른 해양생태 변화를 AI가 분석해, 바다의 '현재 상태'를 정확히 파악하도록 돕는다. 어민이나 지자체는 이를 바탕으로 양식장 관리나 연안 정화에 나서고, 결국 해양 자원을 건강하고 오래 유지하는 데 기여한다.

AI로 축적된 해양 데이터는 연구·산업 분야를 연결하는 새로운 생태계를 만든다. 해양 생태계를 잘 이해하면, 불필요한 어선 운항이나 과도한 인공 구조물 설치를 피해 환경 보호와 비용 절감을 동시에 달성할 수 있다. 이는 해양 바이오산업·해양 관광·해양치유 등 다양한 부가가치 산업으로도 확장될 가능성이 크다. 예컨대 해양 연구 · 관광에서 고래 출몰 지점을 분석해 친환경 관광 코스를 개발한다면 어민과 지역 경제에도 도움이 될 뿐 아니라, 해양 자원의 지속적 이용이 가능해 산업 발전과 생태 보전을 함께 실현할 수 있다.

AI로 해양 생태계를 적극 복원

AI를 이용한 해양 생태계 연구는 아직 초기 단계지만, 이미 여러 성과와 가능성을 보여 주고 있다. AI가 해양 생태계를 바꾸는 대표적인 방안은 다음과 같은 두 가지 측면에서 나타날 전망이다.

바다 전체의 생태 · 환경 정보를 통합하는 디지털 트윈 바다가 구축될 수 있다. 이는 단순한 관측 데이터 집합이 아니라, 머신러닝 모델이 실시간 업데이트하며 해양 변화를 예측 · 시뮬레이션하는 가상 환경이다. 이를 통해 특정 해역의 산호초 복원, 해초 군락 확대, 오염원 추적 등을 더 정밀하게 계획할 수 있다.

과거에는 잠수부가 수작업으로 산호나 해초를 옮기는 식으로 복원을 진행해 시간과 인력에 한계가 있었다. 하지만 AI가 투입된 드론 · 자율 로봇이 해양 깊은 곳까지 탐색해 최적 지점을 찾아 생물을 이식한다면, 복원 속도가 수십 배 이상 빨라질 수 있다. 해양 생태계의 자연 회복력을 극대화해, 기후 변화나 오염으로 손상된 지역을 되살릴 수 있는 것이다.

국가 간 협력을 통해 해양 데이터와 AI 기술을 교류·표준화하고, 윤리적 문제를 사전에 대비해 편향과 불공정이 없는 해양 빅데이터 환경을 구축해야 한다. 특히 전 세계적으로 바다 변화가 빠르게 진행 중인 만큼, AI 기반의 과학적 진단과 실시간 대응이 필수가 될 전망이다. 해양 생태계가 건강하게 유지되려면, 인류가 지능형 해양 관리라는 새로운 접근 방식을 적극적으로 수용해야 한다.

결국 AI는 우리가 몰랐던 바다의 이면을 면밀히 밝히고, 그 정보를 해석해 해양 생태계를 더욱 잘 보전·복원하도록 돕는다. 이는 단순히 해양학 연구에 한정되지 않고, 어업·관광·에너지·교통 등 전 수산·해양 분야로 폭넓게 이어지는 거대한 기회가 될 것이다. 사람과 바다, 그리고 수많은 해양 생명체가 조화롭게 공존하는 지속가능한 미래를 위해, AI를 활용한 해양 생태계 연구는 앞으로도 더 큰 성장을 이룰 전망이다.

08
AI와 융합된 수산물 스마트 가공 및 유통

아이슬란드 · 일본 · 미국 등지에서 이미 구현된 AI 기반 수산물 스마트 가공 및 유통 사례를 중심으로, 기술 도입이 어떤 경제적 · 환경적 효과를 가져왔는지, 그리고 앞으로 국내외 산업에 어떤 영향을 미칠지 폭넓게 살펴본다.

AI와 한의학?

수산물은 인류에게 영양가 높은 단백질 공급원이지만, 최근 잡는 어업(포획)과 기르는 어업(양식) 모두가 기후 변화, 어족 자원 감소, 물류 비용 상승 등 복합적 위기에 직면해 있다. 한편, 소비자들은 더욱 신선하고 안전하며 품질 높은 수산물을 원하고, 이는 수산물 가공·유통 단계에서 품질 관리, 위생, 안전성, 효율성을 확보해야 함을 요구한다. 과거에는 숙련된 작업자의 감각과 경험에 크게 의존했지만, 세계 시장 경쟁이 치열해지면서 비용 절감, 안정적 품질 유지, 안전성 강화 등이 동시에 필요해진 실정이다.

이런 상황에서 인공지능(AI)은 빅데이터·센서·자동화 로봇 기술과 결합해 수산물 가공부터 품질 검사, 유통까지 전 과정을 혁신하고 있다. 예컨대 AI는 생선·해산물 크기·품질·안전성을 빠르고 정확하게 판별함과 동시에, 로봇 공정을 제어해 가공 효율을 높이고 폐기물·오염을 줄이는 데 기여한다. 유통 단계에서도 AI 기반 물류 자동화·추적 시스템을 통해 신선도를 유지하고, 소비자에게 수산물 이력·품질 정보를 투명하게 제공할 수 있다.

AI로 고도화된 수산물 가공 시스템

아이슬란드는 오래전부터 수산업이 발달해 세계적인 수산물 가공 · 수출 역량을 보유해 왔다. 이 중 대형 수산기업인 샘헤지(Samherji)는 2020년 8월 달빅(Dalvík) 지역에 최첨단 AI 기반 로봇 시스템을 도입해 주목을 받았다. 총 투자비 60억 크로네(약 507억 원) 중 절반 이상을 장비 · 소프트웨어에 투입할 정도로 첨단 기술 구축에 집중했다.

AI 로봇이 엑스선을 이용해 생선 뼈 · 내장 위치를 파악한 뒤, 워터제트 공법으로 초정밀 절단을 수행한다. 필레 트리밍 · 뼛조각 제거 · 조각 분류 등 공정 전부가 자동화되었고, AI가 결함을 실시간 감지해 불량 발생을 최소화한다.

기존 수작업 대비 가공 속도가 크게 빨라지고, 초정밀 절단으로 생선 살 손실을 최소화한다. 부산물도 적게 나와 자원 활용도가 높아지고, 위험하고 반복적인 작업에서 근로자를 해방해 안전 · 위생 수준도 향상된다.

각 로봇 공정에서 발생하는 데이터를 클라우드로 수집 · 분석해, 품질 관리와 생산 효율을 높이고 있다. 샘헤지 사례는 대구 · 연어 등 다양한 어종에 적용 가능하며, 전 세계 50여 곳에 비슷한 기술이 퍼져 로봇+AI를 통한 효율 · 안전 · 위생 혁신이 확산되고 있음을 시사한다.

AI 기반 수산물 품질 판별 기술

수산물은 품질 편차가 크고, 이를 전문가가 일일이 구별해야 하는 전통 방식은 한계가 뚜렷하다. 일본 광고회사 덴쓰(Dentsu)가 개발한 '튜나스코프(Tuna Scope)'는 딥러닝 이미지 분석을 적용해 참치 품질을 정확히 평가하는 모바일 애플리케이션이다.

스마트폰 카메라로 참치 꼬리 단면을 촬영하면, AI가 4단계 품질을 판정한다. 35년 경력 베테랑과 약 85~90퍼센트 이상 일치한다는 결과가 발표될 정도로 높은 정확도를 자랑한다.

이 시스템을 통해 1년간 약 200만 접시 이상을 'AI 등급 참치'로 판매했다. 전문가 없이도 지역마다 동일 품질 기준을 적용해 빠르고 일관성 있는 선별이 가능해졌다. 'AI 참치'라는 브랜드를 내세워 소비자에게 객관적 · 과학적 품질 관리 이미지를 심어주기도 했다.

이 사례는 수산물 유통 분야에서 AI가 전문 인력을 보완 · 대체해 효율과 정확성을 모두 향상한 대표적 예다. 더 나아가 시각 분석 기반 판별 기술은 다른 어종이나 식품으로도 확장될 가능성이 커 스마트 유통 모델로 각광

받는다.

AI와 수산물 안전성 관리

국제 수산물 무역이 활발해지면서, 식품 안전성 문제는 국가 간 교역에서 중요한 이슈다. 미국 식품의약국(FDA)은 AI · 머신러닝을 이용해 수입 수산물을 평가하고, 고위험 제품을 자동으로 분류하는 시스템을 개발 중이다.

미국 식품의약국이 진행 중인 이 프로젝트는 연간 수백만 건에 달하는 수입 식품 항목을 AI가 신속 심사해, 안전하지 않은 제품을 사전에 식별하고 차단한다. 머신러닝 알고리즘이 통관 기록 · 샘플링 · 테스팅 결과 · 항생제 잔류물 등을 분석해 몇 초 안에 위험 품목 여부를 결정한다.

고위험 제품으로 분류되면 검사 비율을 높이거나 제3자 검증을 요구해 실시간 대응이 가능하다. 수산물 소비량의 90퍼센트 이상을 수입에 의존하는 미국에선, 이를 통해 질병 유발 병원체나 불법 항생제 등을 조기에 확인할 수 있다.

AI 기반 심사를 다른 식품 분야에도 확장하면, 전반적 식품 안전 수준이 크게 올라갈 전망이다. 이는 수산물 유통 분야에서 정부 규제 · 감독 업무를 혁신하고, 소비자 안전성과 수입 관리 효율을 동시에 높이는 사례로 꼽힌다.

AI가 수산물 가공 · 유통 전 과정을 디지털화하면, 장기적으로 글로벌 공급망 자체가 스마트하게 진화할 가능성이 크다. 예를 들어 생산지(양식장 · 어업 현장)에서 가공 공장 · 물류 센터 · 최종 소비자까지 하나의 데이터 플랫폼으로 연결된다면, 신선도 · 품질 · 안전성 정보가 실시간으로 공유될 수 있다.

큐알(QR) 코드나 앱을 통해 생산 이력 · 가공 정보 · 유통 경로를 투명하게 공개하면, 소비자의 신뢰를 높여 프리미엄 시장도 형성될 수 있다.

AI가 물류 경로 · 냉장 · 냉동 에너지를 효율적으로 관리해 폐기율과 탄소발자국을 줄일 수 있다. 이는 기후위기 시대에 필요한 친환경 식량 시스템 구축에도 기여한다.

한국에서도 AI 기반 수산물 가공 · 유통을 다양한 형태로 시도하고 있지만, 주로 대형 기업 중심이거나 실증 단계인 경우가 많다. 중소형 어가나 전통 시장까지 확대하려면 인프라 · 기술 투자 · 전문 인력 양성 등 장벽을 넘어야 한다. 예컨대 생선 크기 · 품질 · 안전성 등에 대한 분류 기준을 여러 기관이 공유하고, 호환되는 데이터

포맷으로 축적 · 분석해야 한다.

AI 로봇 설비 · 클라우드 서비스 도입에는 초기 비용이 크므로 정부 · 지자체의 보조나 융자 프로그램 지원이 필요하다. 또한 위해 요소 중점 관리(HACCP) 등 식품 안전 규정과 AI · 로봇 공정이 조화를 이루도록 관련 규정 · 인증 절차를 새로 마련해야 한다.

자동화와 디지털화를 운영 · 개선할 현장 전문가가 필요하며, 전통 어민 · 가공업 종사자들도 AI 시스템을 쉽게 활용하도록 맞춤형 교육 프로그램이 필수다.

AI와 융합된 수산물 스마트 가공·유통

결국 AI와 수산물 스마트 가공 · 유통은 수산업을 한 단계 업그레이드하는 중요한 열쇠다. 아이슬란드 샘헤지의 AI 로봇 공정 사례는 생산성과 품질을 동시에 높이는 길을 열었고, 일본 덴쓰의 '튜나스코프'는 품질 판별을 자동화해 소비자 신뢰를 획득했다. 미국 식품의약국의 수입 심사 시스템은 식품 안전성 향상과 효율적 관리에 성공적인 사례를 보여 준다.

이 같은 혁신은 경제성 · 위생 · 안전성 · 환경을 모두 충족한다. 자동화 · AI 결합으로 공정 속도를 높이면서도 품질 · 위생을 확보하고, 부산물을 줄여 환경 보호에도 기여한다. 또한 스마트 유통 네트워크를 구축해 소비자 · 생산자 간 실시간 정보 공유가 가능해지면, 공급망 전체 투명성도 한층 올라간다.

물론 AI 로봇 시스템 구축에는 거액 투자가 필요하고, 데이터 표준화나 디지털 인력 양성 등의 과제도 존재한다. 특히 중소 · 영세 가공업체나 전통 시장이 이 변화를 수용 · 활용하기 위해선 정부와 지자체, 그리고 기업 간 협력이 필수다. 그럼에도 수산물 산업에서 AI 활용이 보편화되는 추세는 이미 거스를 수 없는 현실이다.

장기적으로, AI를 현장에 안착시켜 수산물 전반의 가공 · 유통 과정을 디지털 전환하면 수산업은 더 높은 부가가치와 안전성을 동시에 달성할 것으로 기대된다. 이는 다른 장에서 논의한 잡는 어업, 기르는 어업, 자원 관리 등과 시너지를 낳아, 전 수산업 생태계의 혁신을 가속화할 전망이다. AI를 적극 도입해 앞서 나가는 기업과 국가는 안전하고 맛있는 수산물을 소비자에게 안정적으로 공급하며, 치열한 글로벌 경쟁 속에서 큰 우위를 확보할 수 있을 것이다.

09

해양 환경 보호 및 관광 분야 AI 활용

해외 사례를 통해 AI가 해양 환경 보호에 어떻게 적용되는지 살펴보고, 국내에서는 어떤 방식으로 AI를 도입해 해양 관광의 안전 · 교통 · 환경 관리를 개선하고 있는지 알아본다. 아울러 이러한 변화가 해양 산업과 관광 분야에 어떤 시너지 효과를 낳을 수 있으며, 미래 방향성은 무엇인지 폭넓게 조망하고자 한다.

AI와 화장품?

해양 환경 보호 분야에서의 AI 활용 사례

전 지구적으로 심각한 해양 플라스틱 쓰레기 문제를 해결하기 위해 개발된 웨이스트 샤크(Waste Shark)는 수중 드론 형태에 AI 기술을 결합해 쓰레기를 수거·관리하는 혁신적 솔루션을 제시한다. 먼저 범지구 위치 결정 시스템(GPS) 기반 프로그래밍을 통해 해양 쓰레기 '핫스팟'을 저장하고, 여러 드론이 데이터를 공유해 자율 모드로 운항함으로써 인력 투입 없이도 효율적으로 쓰레기를 회수하도록 했다. 또한 물 깊이·염분·화학적 조성·수소 이온 농도 지수(pH)·온도 등 환경 정보를 실시간으로 수집해 4G 네트워크로 클라우드 포털로 전송, 즉각적인 보고와 분석이 가능하도록 했다.

기상 변화를 사전에 인지하고 대응책을 마련한다. 예컨대 강풍·폭우 같은 기상이변을 사전에 파악해 작업 효율과 안전을 높인다.

주변 선박·부두와의 충돌을 자동으로 회피하는 안전장치를 마련해, 바다 작업의 위험도를 크게 낮춘다.

오염 물질을 조기 식별해, 심각하다고 판단되면 즉시 조치 안내를 제공한다.

웨이스트 샤크는 쓰레기 수거에 국한되지 않고 해양 환경 모니터링까지 지원한다는 점에서 의미가 크다. AI

기반 자율 주행으로 인력 부담을 최소화해 장시간 해상 작업의 어려움을 줄이고, 해양 생태계 관리를 한층 체계적으로 할 수 있게 된 것이다.

구글[알파벳(Alphabet)]은 드론 기술과 AI를 융합해 해양 보호 구역을 효율적으로 감시·관리하는 프로테우스(Proteus) 프로젝트를 추진 중이다. 기존에는 사람이 직접 배를 타고 순찰해야 했지만, 이제 실시간 영상 분석과 자동 오염·생태 변화 탐지로 범위·정확도를 크게 높였다.

드론이 해양 보호 구역을 지속 촬영하면, AI가 영상을 실시간 판독해 불법 조업이나 쓰레기 투기 같은 이상 징후를 식별한다. 곧바로 경고를 발령해 현장에서 빠르게 조치할 수 있도록 돕는다.

머신러닝 알고리즘으로 다양한 해양 생물 종을 자동 식별·분류하고, 개체 수 변화나 행동 패턴을 추적해 해양 생태계 건강 상태를 평가한다.

수질 변화, 기름 유출, 부유 물질 발생 등을 AI가 감지해 확산 경로를 예측하고, 오염 발생 위치를 특정한다. 드론 영상 외에도 위성 이미지나 수중 센서 데이터를 종합 분석해 복잡한 해양 패턴을 포착한다.

프로테우스 프로젝트는 인력 중심 모니터링 대비 훨씬 넓은 범위를 훨씬 적은 시간·비용으로 커버하기에,

해양 환경 보존에서 높은 효율성과 정밀도를 가진 접근을 실현한다는 점에서 주목할 만하다.

해양 관광 분야에서의 AI 활용 사례

국내에서도 해양 관광을 활성화하는 동시에 안전 · 환경 문제를 해결하기 위해, 부산과 경남 지역 9개 기관 및 기업이 협력해 영상 AI 기반 안전 관리 통합 플랫폼을 개발했다. 부산정보산업진흥원 · 경남테크노파크 등 기관들은 해양 관광 인프라를 더 안전하고 효율적으로 관리하기 위해 협력 중이며, 사고 예방 · 교통 혼잡 해소 · 환경오염 감축 등 복합 문제를 종합적으로 해결하려 한다.

해안가 관광지의 폐쇄 회로 텔레비전(CCTV) 영상을 AI가 실시간 분석해, 이상 행동이나 사고 징후를 즉시 파악한다. 그리고 장기 주차 차량을 자동 인식 · 결제 처리하고, 혼잡도를 실시간 분석해 운전자에게 안내한다. 이외에도 차량 범죄 · 통제구역 침입 · 쓰레기 투기 등을 감지해 곧바로 경고를 발령하거나 무단횡단 · 불법 시설물 · 포트홀 등을 인식해 교통 흐름을 안정적으로 유지하는 기능도 있다. 그리고 관광 시설물 파손 여부나 해안가 쓰레기 밀집 상태를 확인해 신속 조치한다.

이 플랫폼은 부산 요트경기장 · 경남 거제식물원 등지

에서 시범 적용한 뒤 전국 해양 관광 도시로 확대될 예정이다. 이를 통해 관제 요원 업무 부담을 줄이고 관리 사각지대를 해소해, 해양 관광지 안전 · 위생 수준을 크게 높일 것으로 기대된다. 결국, 이 플랫폼은 해양 관광지가 안고 있는 복합적 문제(안전 · 교통 · 주차 · 쓰레기 · 재난)에 대응하도록 설계된 사례로, AI가 관광 인프라 운영 전반을 효율화하는 핵심적 역할을 수행할 수 있음을 보여 준다.

해양 환경 보호와 관광을 잇는 AI의 가교

해양 환경 보호와 해양 관광은 언뜻 보면 상충되는 목표처럼 보이기도 한다. 관광객이 많아질수록 쓰레기 · 교통 문제 · 생태계 교란 등이 심화될 수 있기 때문이다. 하지만 AI 기술을 적절히 활용하면, 환경 보호와 관광 가치 증진을 동시에 이룰 길이 열린다.

쓰레기 수거와 해양 생물 모니터링을 자동화해 바다를 깨끗하게 유지하고, 부산 · 경남 영상AI 플랫폼처럼 현장 안전 · 관광 인프라 관리를 효율화하여 방문객 만족도를 높일 수 있다.

이런 방식으로 AI가 해양 생태계 보전과 관광 경제 발전 사이를 잇는 중요한 매개체가 된다면, 각국 정부 · 지자체 · 민간 기업 · 연구 기관이 데이터 공유 · 기술 표준화 · 윤리 · 법적 제도 마련 등을 공동으로 추진해 더 폭넓은 영역에 도입할 수 있다.

물론 해상 환경에서 드론 · 로봇이 안정적으로 작동하도록 통신망 · 전력 문제를 해결해야 하고, 초기 인프라 구축에 상당한 비용이 든다는 현실적 과제도 있다. 그럼에도 단계적 실증 사업과 경험 축적으로, 해양 환경 · 관광 분야에서 AI를 활용하는 사례는 점차 늘어날 것으로 전망된다.

결국 AI 기술은 해양 환경 보호와 해양 관광이라는 언뜻 상충되어 보이는 두 분야가 서로 상생할 수 있는 새로운 패러다임을 제시한다. 바다가 깨끗하게 유지되고, 관광 인프라가 스마트하게 운영된다면, 방문객 증가로 인한 문제를 효율적으로 제어하면서도 지역 경제에는 활력을 불어넣을 수 있다.

이에 더해, AI가 관광객 안전 · 환경 보전 등 다양한 기능을 통합 관리해 데이터 기반 의사 결정을 가능케 한다면, 해양 환경 · 관광 분야 모두에서 근본적인 혁신이 일어날 수 있다. 이것은 단순한 기술 도입을 넘어, 해양 거버넌스와 지역 사회 발전, 그리고 국제 협력 체계까지 한층 업그레이드할 수 있는 큰 기회다.

10
AI를 이용한 수산 생물 유래 신소재, 신약 개발

해양 생물 자원은 의약품, 화장품, 기능성 소재 등 다양한 산업적 가치를 지닌 중요한 자원이다. 과거에는 이러한 자원을 연구하고 활용하는 데 많은 시간과 비용이 소요되었으나, AI와 빅데이터 기술의 도입으로 효율적인 탐색과 분석이 가능해졌다. 전 세계 주요 해양 연구 기관들은 AI를 활용해 해양 생물 유래 신소재와 신약 개발을 어떻게 개발하고 있는지 살펴본다.

종교와 AI?

AI와 해양 생물 연구의 시너지

미국 캘리포니아에 위치한 스크립스 해양학 연구소(Scripps Institution of Oceanography)는 해양 생물학·해양 화학 등 광범위한 분야를 연구하며, 특히 해양 생물에서 유래한 화합물을 의약품으로 개발하는 데 적극적이다. 전통적으로는 방대한 생물 자료와 논문을 일일이 검토해야 해 많은 시간이 소요되었지만, 최근에는 AI를 도입해 대규모 생물학적 데이터를 분석·정제하고 특정 화합물의 생리 활성을 예측하는 과정을 자동화했다. 예를 들어 항암제 후보 물질을 찾는 과정에서, AI가 화합물 구조와 인체 단백질 간 상호작용을 시뮬레이션해 '활성 가능성'과 '부작용 위험도'를 미리 가늠함으로써, 실제 실험이나 임상 단계에서의 실패율을 낮춘다. 이로써 신약 개발 시간을 단축하고, 연구 인력 배분도 효율적으로 이뤄진다.

미국 동부에 자리한 우즈홀 해양학 연구소(WHOI, Woods Hole Oceanographic Institution) 역시 해양 생태계와 지구 시스템의 상호 작용을 연구해 그 성과를 사회적 이익으로 전환하는 데 주력한다. 우즈홀 해양학 연구소는 해양 생물에서 유래한 천연 물질을 AI로 분석해, 항균제·항산화제·항바이러스 물질 가능성이 있는 화합물을 빠르게 찾아내는 방식을 취한다. AI 모델은 다양한 화합물 구조를 한꺼번에 대량 스크리닝해, 생리 활성 가능성이 높은 순서대로 정렬해 준다. 연구자들은 우선순위가 높은 후보 물질부터 집중 검증해 임상시험 전에 효능·안전성을 신속히 확인할 수 있다. 이는 신약 개발에서 중요한 핵심 기술로 자리 잡고 있다.

신약 개발 과정에서의 AI

프랑스 브르타뉴 지역의 브르타뉴 아틀랑틱 해양 클러스터(PMBA)는 380개 이상의 기업·연구 기관이 협력해 해양 생물 자원을 연구하고, 확보된 화합물을 바탕으로 화장품·의약품 등 다양한 제품 개발을 추진한다. 해양경제 경쟁력을 높이고 지속가능한 해양 산업을 발전시키려는 목표로, 해양 생물 자원을 활용한 혁신에 주력한다.

브르타뉴 아틀랑틱 해양 클러스터는 AI를 통해 해양 생물에서 추출한 화합물의 효능을 평가하고 안전성을 검증한다. 예컨대 머신러닝 알고리즘으로 해양 생물 조직에서 뽑아낸 물질의 구조·활성 정보를 빅데이터화하고, 자동 분석을 거쳐 유망 후보 물질을 걸러 낸다. 이는 항암제·항균제 신약 개발 시 연구 기간과 비용을 크게 절감하는 효율적인 방법으로 각광받는다.

로스코프 해양연구소 · 프랑스 국립과학연구원(CNRS) 등과 협력해 해양 생물 자원의 상용화를 위한 연구를 진행하며, 산학 협력을 통해 새로운 기술 · 제품을 개발하고 있다. 특히 해양 화장품 · 의약품 개발에 필요한 생리 활성 물질을 발굴해 지역 경제 활성화와 프랑스 해양 바이오 산업 경쟁력 강화에 기여한다.

브르타뉴 아틀랑틱 해양 클러스터의 활동은 지역 차원을 넘어 유럽 및 글로벌 차원의 협력 네트워크를 형성해, 해양 생물 연구가 활발히 이루어지고 친환경 해양 경제가 구축되도록 돕는다.

AI가 수산 생물 유래 신소재·신약에 미치는 효과

과거 해안 · 심해에서 채취한 생물 · 화합물 데이터를 사람이 직접 분류하고 분석해야 했지만, AI를 활용하면 대규모 논문 · 특허 · 실험 결과를 짧은 시간에 종합 분석할 수 있다. 연구자들은 인력과 시간을 보다 전문적이고 창의적 작업에 집중할 수 있어 생산성이 향상된다.

항암제나 항균제 등 신약 개발에는 임상시험을 포함해 막대한 비용이 들고 실패 위험도 높다. AI가 약효와

부작용 가능성을 사전에 예측해, 임상시험 단계에서 실패할 위험을 줄이고 비용을 절감한다. 독성 및 부작용 여부를 미리 검토함으로써 개발 속도를 높일 수 있다.

해양 생물 유래 항암제와 항균제가 상용화되면 제약·바이오 산업에 상당한 경제적 효과를 불러올 뿐 아니라, AI 기반 연구가 신소재·화장품·식품첨가물 등으로 확장되어 수산업과 해양 바이오산업 간 협업 모델을 만들어 낼 수 있다. 이는 지역 경제 활성화와 글로벌 경쟁력 강화에 도움이 된다.

해양 생물 자원을 이용한 신소재·신약 개발은 해양 생태계 보호와 병행해야 한다. AI를 통해 효율적 시료 채취와 자원 관리를 한다면, 해양 생물 종을 남획하지 않고 높은 부가가치를 창출하는 선순환 구조를 마련할 수 있다.

AI와 해양 바이오의 융합 가속화

AI와 해양 생물 연구의 결합은 앞으로 더욱 가속화될 전망이다. 극한 환경에 서식하는 특수 미생물이 기존 의약품으로 대응하기 어려운 질병 치료에 혁신적인 단서를 제공할 수 있으며, AI는 이를 빠르게 발굴·분석·활용 방안을 제시하는 주역이 될 것이다. 또한 국가 간·기관

간 데이터 공유와 AI 플랫폼 협력이 늘어나면서, 해양 생물 자원의 잠재력이 훨씬 더 광범위하게 발견될 수 있다.

해양 생물학 · 화학 · 약학 · AI · 빅데이터 등 다양한 분야가 융합해 신소재 · 신약 개발 속도를 높일 것이며, 정부와 국제기구가 해양 생물 종 보호 · 윤리 규범 등을 정비한다면, 더욱 안정적인 연구 · 산업 생태계를 구축할 수 있다. 결국 AI는 수산 생물 자원을 활용한 신소재 · 신약 개발 전 과정을 혁신할 강력한 잠재력을 지니고 있다. 해양에 잠재된 다양한 천연 물질을 안전하고 효율적으로 발굴 · 활용하는 방식이 정착된다면, 인류 미래 의학 · 산업의 모습이 크게 달라질 수 있으리라는 기대가 나온다.

AI가 열어 가는 수산 생물 기반 신약·신소재의 미래

수산 생물을 비롯해 해양 생물 자원은 인류가 아직 완전히 개척하지 못한 거대한 보고다. 과거에는 이 보물을 발굴하는 데 막대한 인력 · 시간이 필요했지만, 이제 AI · 빅데이터의 결합으로 대규모 자료를 쉽고 정확하게 분석하고 물질 구조 · 활성을 효율적으로 예측할 수 있어, 신소재 · 신약 개발 문턱이 현저히 낮아졌다.

이러한 변화는 의약품뿐 아니라 해양 화장품, 기능성 식품, 환경 소재 등으로도 확장될 수 있으며, 수산업과 해양 바이오산업 간 협업 모델을 구축해 지역 경제 · 글로벌 경쟁력 강화에 기여할 수 있다. 동시에 바다 생태계 지속가능성도 중요한 가치로 인식되어, AI를 통해 자원을 효율적으로 관리하면서 남획 및 환경 파괴를 방지하는 정책이 가능해진다. AI 기술을 활용해 바다에서 찾아낸 화합물이 항암제 및 항균제로 인류 건강에 이바지하고, 친환경 소재로 개발되어 해양 오염을 줄이는 미래는 이제 머지않은 가능성이다.

결국 AI가 수산 생물 자원의 연구 개발 과정을 혁신함으로써, 해양이라는 지구상에서 가장 방대한 미개척 영역의 새로운 치료 기회와 산업적 가능성을 열어 가는 시대가 눈앞에 다가오고 있다. 이 흐름은 국제 협력, 산업계 · 학계 · 정부의 공동 참여가 필요하며, 해양 생명자원과 AI가 만나는 접점에서 실현될 무한한 가능성은 수산업을 넘어 인류 전체의 건강과 번영을 더욱 풍요롭게 만들어 줄 것이다.

임태호

중앙대학교에서 정보통신공학 학사, 석사, 박사 학위를 취득했다. 2012년부터 2015년까지 삼성전자 DMC 연구소(현 삼성리서치)에서 책임연구원으로 5G 통신시스템 선행 연구 개발을 수행했으며, 이후 호서대학교 정보통신공학부 교수로 재직 중이다. 현재 ICT와 AI 등 첨단 기술을 해양수산 분야에 접목하는 다수의 연구 개발 프로젝트를 수행하면서 해양수산 분야의 혁신에 기여하고 있다. 해양수산부 4차 산업 혁명위원회 전문위원을 역임했으며, 대통령 소속 농어업·농어촌특별위원회 2기 미래수산특별위원회 위원장으로서 기술뿐 아니라 정책 자문 역할도 수행하고 있다.